HIPPOCRENE HANDY *EX*

Czech

HIPPOCRENE HANDY DICTIONARIES

For the traveler of independent spirit and curious mind, this practical series will help you to communicate, not just to get by.

All titles: 120 pages 5" x 7 3/4"

ARABIC
0463 ISBN 0-87052-960-9
$8.95

CHINESE
0725 ISBN 0-87052-050-4
$6.95

DUTCH
0723 ISBN 0-87052-049-0
$6.95

FRENCH
0155 ISBN 0-7818-0010-2
$6.95

GERMAN
0378 ISBN 0-7818-0014-5
$6.95

GREEK
0464 ISBN 0-87052-961-7
$8.95

HUNGARIAN (Handy Extra)
0002 ISBN 0-7818-0164-8
$8.95

ITALIAN
0196 ISBN 0-7818-0011-0
$6.95

JAPANESE
0466 ISBN 087052-962-5
$8.95

KOREAN
0438 ISBN 0-7818-0082-X
$8.95

PORTUGUESE
0735 ISBN 0-87052-053-9
$6.95

RUSSIAN
0371 ISBN 0-7818-0013-7
$6.95

SERBO-CROATIAN
0728 ISBN 0-87052-051-2
$6.95

SPANISH
0189 ISBN 0-7818-0012-9
$6.95

SWEDISH
0737 ISBN 0-87052-054-7
$6.95

THAI
0468 ISBN 0-87052-963-3
$8.95

TURKISH
0930 ISBN 0-87052-982-X
$6.95

Ask for these and other Hippocrene titles at your local booksellers!

HIPPOCRENE HANDY *EXTRA* DICTIONARIES

Czech

Nina Trnka

HIPPOCRENE BOOKS
New York

For information, address:
Hippocrene Books, Inc.
171 Madison Avenue
New York, NY 10016

ISBN 0-7818-0138-9

Printed in the United States of America.

CONTENTS

PRONUNCIATION

The Czech pronunciation of every word or sentence follows in the brackets. If the pronunciation is omitted, the word is pronounced the same way as written. For easy reading the words are divided into syllables.
In Czech the strongest stress is on the first syllable.

Vowels and Diphthongs

| | ´ | long mark |
| | ˇ ' | soft marks |

a	[a]	ano, adresa	like the English u in cup, bus
á	[á]	táta, káva	father, class
e	[e]	den, sem	set, net, entry
é	[é]	lék, mléko	verb, term
i, y	[i]	pivo, byt	in, sit, delivery
í, ý	[ee]	víno, sýr	green, feel
o	[o]	pokoj, ovoce	not, soft, off
ó	[ó]	citrón	short, bond
u	[u]	ulice, ruka	full, put
ú, ů	[oo]	úraz, stůl	room, school
au	[aw]	auto, automat	like the English ow in cow
ou	[ow]	houska, soused	row, snow

Consonants

c	[ts]	cena, cigareta	like the English ts in pots
č	[ch]	čas, Čech	cheese, child
g	[g]	garáž, guma	always as the English g in good
h	[h]	hodina, hospoda	ham, happy
ch	[kh]	chléb, chuť'	like the English kh in khaki
j	[y]	já, moje, jídlo	always as the English y in year
k	[k]	káva, rok	kettle, key
r	[r]	ráno, práce	a rolled sound rice, real
ř	[rzh]	řada, řeka	a sound where r and zh are rolled simultaneously
s	[s]	sůl, máslo	street, sun
š	[sh]	šunka, koš	shoe, mushroom
ž	[zh]	žena, židle	like the English s in measure

Prepositions k, s, v, z are pronounced together with the following syllable.

English-Czech

A

about asi [a-si], **about 5** asi 5, **about 7 o'clock** asi 7 hodin [a-si 7 ho-dyin], **what about you ?** a co vy? [a tso vi]
above nahoře [na-ho-rzhe], **above the table** nad stolem [nad sto-lem]
abroad v cizině [ftsi-zi-nye], v zahraničí [vza-hra-nyi-chee]
absolutely naprosto [na-pros-to], úplně [oo-pl-nye], **it's absolutely right** úplně správně [oo-pl-nye správ-nye], **absolutely not!** rozhodně ne! [roz-hod-nye ne]
accelerator plynový pedál [pli-no-vee pe-dál] m.
accept přijmout [przhiy-mowt]
accident nehoda [ne-ho-da] f., **there was an accident** stala se nehoda [sta-la se ne-ho-da], **by accident** náhodou [ná-ho-dow]
accommodation ubytování [u-bi-to-vá-nyee] n., **I am looking for accommodations** hledám nějaké ubytování [hle-dám nye-ya-ké u-bi-to-vá-nyee]
accurate přesný [przhes-nee], správný [správ-nee], **do you have the right time?** máte přesný čas? [má-te przhes-nee chas]
ache bolest [bo-lest] f., **does it ache?** bolí to? [bo-lee to], **I have a headache** bolí mě hlava [bo-lee mnye hla-va]
across přes [przhes], **across the road** přes ulici [przhes u-li-tsi]
actor herec [he-rets] m., **actress** herečka [he-rech-ka] f., **famous actress** slavná herečka [slav-ná he-rech-ka]
adapter měnič [mnye-nyich] m.
address adresa [a-dre-sa] f.,

what is your address? jaká je vaše adresa? [ya-ká ye va-she a-dre-sa]
admission vstup [fstup] m., vstupné [fstup-né] n., **free admission** vstup volný [fstup vol-nee], **how much is admission?** kolik je vstupné? [ko-lik ye fstup-né]
adult dospělý [dos-pye-lee]
advance předem [przhe-dem], **pay in advance!** plat'te předem! [plat'-te przhe-dem]
advertisement inzerát [in-ze-rát] m.
advice rada [ra-da] f., **give me advice** poraďte mi [po-rad'-te mi], **what would you advise?** co byste mi poradil? [tso bi-ste mi po-ra-dyil]
afraid:to be afraid bát se **don't be afraid** nebojte se [ne-boy-te se], **I am afraid** bojím se [bo-yeem se], **I am afraid I can't help you** bohužel vám nemohu pomoci
after po, potom **after lunch** po obědě [po o-bye-dye], **after you** až po vás [ash po vás]
afternoon odpoledne [od-po-led-ne] n., **in the afternoon** odpoledne, **good afternoon** dobré odpoledne, dobrý den [dob-ree den]
afterwards potom, později [poz-dye-yi]
again opět [o-pyet], zase, **come again** přijďte zase [przhid'-te za-se]
against proti [pro-tyi], naproti
age věk [vyek] m., stáří [stá-rzhee] n., **to become of age** být zletilý [beet zle-tyi-lee], **under age** nezletilý

[ne-zle-tyi-lee], **it takes ages** to trvá hrozně dlouho [to tr-vá hroz-nye dlow-ho]
agency agentura [a-gen-tu-ra]
ago před [przhet], **long ago** dávno [dáv-no], **an hour ago** před hodinou [przhet ho-dyi-now]
agree souhlasit [sow-hla-sit], **I agree** souhlasím [sow-hla-seem], **I don't agree with you** nesouhlasím s vámi [ne-sow-hla- seem svá-mi], **do you agree?** souhlasíte? [sow-hla-see-te]
ahead vpředu [fprzhe-du], dopředu [do- przhe-du]
air vzduch [vzdukh] m., **air-mail** letecky [le-te-tski]
airlines aerolinie [é-ro-li-ni-ye]
airplane letadlo [le-tad-lo] n.
airport letiště [le-tyish-tye] n.
airplane ticket letenka [le-ten- ka] f., **how much is an airplane ticket to...?** ko-lik sto- jí letenka do...? [ko-lik sto- yee le-ten-ka]
alarm poplach [pop-lakh] m.
alarm-clock budík [bu-dyeek] m.
Albania Albánie [al-bá-ni-ye]
Albanian albánský [al-bán-skee] adj., Albánec [al-bá-nets] m., Albánka [al-bán-ka] f.
alcohol alkohol m., **non alcoholic drink** nealkoholický nápoj [ne-al-ko-ho-lits-kee ná-poy]
alive naživu [na-zhi-vu], **is he/she alive?** je ještě naživu? [ye yesh-tye na-zhi-vu]
all celý [tse-lee], všechno [fshe-khno], **all my life** celý můj život [tse-lee mooy zhi-vot], **all right** dobře [dob-rzhe], **all of us** my všichni [mi fshi-khnyi], **are you all right?** jste v pořádku? [ste fpo-rzhát-ku],

that is all to je všechno [to ye fshe-khno]
allergic alergický [a-ler-gits-kee], **I am allergic to...** jsem alergický na... [sem a-ler- gits-kee na]
allow dovolit [do-vo-lit], **allow me to introduce you to..** dovolte abych vás představil [do-vol-te a-bikh vás przhed-sta-vil], **it is not allowed** to není dovoleno [to ne-nyee do-vo-le-no], **is smoking allowed here?** je tu dovoleno kouřit? [ye tu do-vo-le-no kow-rzhit]
almond mandle [man-dle] f.,
almost skoro
alone sám **I am alone** jsem sám/ sama [sem sám/sa-ma], **leave her alone** nechte ji být [nekh-te yi beet]
already už [uzh]
also také
alternative alternativa [al-ter-na-ti-va] f., **there is no alternative** není jiná možnost [ne-nyee yi-ná mozh-nost]
although ačkoli [ach-ko-li]
altogether celkem [tsel-kem], **how much does it cost altogether?** kolik to stojí celkem? [ko-lik to sto-yee tsel-kem]
always vždy [vzhdi], stále [stá-le], **I am always hungry** mám stále hlad [mám stá-le hlat]
a.m. ráno [rá-no], dopoledne [do-po-led-ne], **at 10 a.m.** v 10 ráno [vde-set rá-no]
ambulance sanitka [sa-nit-ka] f., **call an ambulance!** zavolejte sanitku! [za-vo-ley-te sa-nit-ku]
America Amerika [a-me-ri-ka]
American americký [a-me-rits-kee] adj., Američan [a-me-ri-chan] m., Američanka [a-me-ri-chan-ka] f.
among mezi, **among us** mezi námi [me-zi ná-mi]

ancestor předek [przhe-dek] m.
anchor kotva [kot-va] f.
and a
angry: to be angry zlobit se [zlo-bit se], **don't be angry** nezlobte se [ne-zlob-te se]
animal zvíře [zvee-rzhe] n.
ankle kotník [kot-nyeek] m.
anniversary výročí [vee-ro-chee] n., **wedding anniversary** výročí svatby [vee-ro-chee svat-bi]
annoy obtěžovat [ob-tye-zho-vat], **don't annoy me!** neobtěžujte mne! [ne-ob-tye-zhuy-te], **it's annoying** to je nepříjemné [to ye ne-przhee-yem-né]
another ještě jeden [yesh-tye ye-den], jiný [yi-nee], **another cup of tea** ještě jeden šálek čaje [yesh-tye ye-den shá- lek cha-ye], **one after another** za sebou [za se-bow], **give me another fork** dejte mi jinou vidličku [dey-te mi yi-now vid-lich-ku]
answer odpovídat [od-po-vee-dat], odpověď [od-po-vyet'] f., **answer me!** odpověz mi! **there is no answer** žádná odpověď [zhád-ná od-po-vyet']
ant mravenec [mra-ve-nets] m.
antique starožitnost [sta-ro-žhit-nost] f.
any nějaký [nye-ya-kee], každý [kazh-dee], **have you any vacancies?** máte nějaký volný pokoj? [má-te nye-ya-kee vol-nee po-koy], **she is coming any minute** příjde každou chvíli [przhee-de kazh-dow khvee-li]
anybody někdo [nye-kdo], **is anybody there?** je tam někdo? [ye tam nye-kdo]
anything něco [nye-tso], **do you need anything?** potřebujete něco? [po-trzhe-bu-ye-te nye-tso], **anything else?** ještě něco? [yesh-tye nye-tso]
anywhere někde [nye-kde]
apartment byt [bit] m., pokoj [po-koy] m., **is this apartment for rent?** je tento byt k pronajmutí? [ye ten-to bit kpro-nay-mu-tyee]
aperitif aperitiv m.
apology omluva [o-mlu-va] f., **my sincere apologies** upřímně se omlouvám [u-przhee-mnye se o-mlow-vám]
appear objevit se [ob-ye-vit], zdát se
appetite chut' [khut'] f., **bon appétit** dobrou chut' [dob-row khut']
appetizer předkrm [przhed-krm] m.
apple jablko [ya-bl-ko] n.
application žádost [zhá-dost] f.
appointment schůzka [skhoo-ska] f., **I have an appointment with/for...mám** schůzku s/na... [mám skhoo-sku], **can you make me an appointment?** můžete mě objednat? [moo-zhe-te mnye ob-yed-nat]
appreciate ocenit [o-tse-nyit], vážit si [vá-zhit si], **thanks, I appreciate it** děkuji, to oceňuji [dye-ku-yi to o-tse-nyu-yi], **do you appreciate it?** vážíte si toho?
approve schválit [skhvá-lit], souhlasit [sow-hla-sit], **it was approved** bylo to schváleno [bi-lo to skhvá-le-no], **he doesn't approve** on nesouhlasí [ne-sow-hla-see]
apricot meruňka [me-run-ka] f.
April duben [du-ben] m.
are: you are jsi [si], jste [ste], **we are** jsme [sme], **they are** jsou [sow]
area plocha [plo-kha] f., oblast [ob-last] f., **it's a beautiful area** je to krásná oblast, **area code** směrové číslo [smnye-ro-vé chee-slo]
arm ruka [ru-ka] f., paže [pa-zhe] f.
around kolem, okolo, **go around**

jděte kolem [dye-te ko-lem]
arrangment úprava [oo-pra-
va] f., dohoda f., **nicely
arranged** pěkně upraveno
[pyek-nye u-pra- ve-no],
**will you make the
arrangments?** zařídíte to?
[za-rzhee-dyee-te to]
arrest zatknout [zat-knowt],
was anybody arrested? byl
někdo zatčen? [bil nye-kdo
zat-chen]
arrival příjezd [przhee-
yest] m.
arrive přijet [przhi-yet],
train/bus arrived at...
vlak/autobus přijel na...
[vlak/aw-to-bus przhi-yel],
when will they arrive? kdy
přijedou? [kdi przhi-ye-dow]
art umění [u-mnye-nyee] n.
artificial umělý [u-mnye-lee]
artist umělec [u-mnye-lets] m.
as jak [yak], **as soon as**
jakmile [yak-mi-le], **as you
like** jak chcete [yak khtse-te]
ash popel [po-pel] m.
ashtray popelník [po-pel-nyeek]
m., **give me an ashtray, please**
podejte mi popelník, prosím
[po-dey-te mi po-pel-nyeek
pro-seem]
ask ptát se, žádat [zhá-dat],
ask for directions! zeptejte
se na cestu! [ze-ptey-te se na
tses-tu], **I asked for help**
žádal/la jsem o pomoc [zhá-dal
sem o po-mots]
aspirin aspirin m.
assault útočit [oo-to-chit],
napadnout [na-pad-nowt], **he
assaulted me** napadl mě [na-pa-
dl mnye]
assistant: shop assistant
prodavač/ka [pro-da-vach]
assure ujistit [u-yis-tyit],
I assure you... ujišťuji
vás... [u-yish-tyu-yi vás]
at v, u, na **at night** v noci
[vno-tsi], **at 5 o'clock**
v 5 hodin [fpyet ho-dyin],
at the table u stolu, **at home**

doma, **at the beginning** na
začátku [na za-chát-ku],
at work v práci [fprá-tsi]
attend účastnit se [oo-chast-
nyit], **attend school** chodit
do školy [kho-dyit do
shko-li]
attention pozornost [po-zor-
nost] f., **attention!!** pozor!
attractive hezký [hes-kee],
atraktivní, **is she attractive?**
je hezká? [ye hes-ká]
auction dražba [drazh-ba] f.
audience publikum n.
August srpen [sr-pen] m.
aunt teta f., **is your aunt
Czech?** je vaše teta Češka?
[ye va-she te-ta chesh-ka]
Australia Austrálie [aw-strá-
li-ye]
Australian australský [aw-
stral-skee] adj., Australan
[aw-stra-lan] m. Australanka
f.
authorities úřady [oo-rzha-
di] pl.
automatic automatický [aw-to-
ma- tits-kee]
autumn podzim [pod-zim] m.
available dostupný [dos-tup-
nee], **is it available?** je to
k dostání? [ye to kdo-stá-
nyee], **he is available** je vám
k dispozici [ye vám kdi-spo-
zi-tsi]
average průměr [proo-mnyer] m.,
průměrný adj., **what is your
average salary?** co je váš prů-
měrný plat? [tso ye váš proo-
mnyer-nee plat], **an average
hotel** průměrný hotel, **below
average** podprůměrný, **above
average** nadprůměrný
away pryč [prich], daleko [da-
le-ko], **she is away** není tady
[ne-nyee ta-di], **far away**
daleko, **go away!** jděte pryč!
[dye-te prich]
awful hrozný [hroz-nee]
awkward nepříjemný [ne-przhee-
yem-nee], trapný [trap-nee]
ax sekera [se-ke-ra] f.

B

baby dět'átko [dye-tyát-ko] n.,
we need a baby-sitter
potřebujeme někoho na hlídání
dětí [po-trzhe-bu-ye-me nye-
ko-ho na hlee-dá-nyee dye-
tyee]
baby carriage dětský
kočárek [dyet-skee ko-chá-
rek] m.
back záda [zá-da] pl., vzadu,
zpátky [spát-ki], zadní [zad-
nyee], **I have a backache**
bolí mě záda [bo-lee mnye zá-
da], **back seat** zadní sedadlo,
at the back vzadu, **come back!**
vrat'te se! [vrat'-te se],
back up! couvněte! [tsow-vnye-
te], **I'll be back soon** vrátím
se brzo [vrá-tyeem se br-zo]
backpack ruksak [ruk-sak] m.
bacon slanina [sla-nyi-na] f.,
bacon and eggs vejce se
slaninou [vey-tse se sla-
nyi-now]
bad špatný [shpat-nee], zlý
[zlee], **bad food** špatné jídlo
[shpat-né yeed-lo], **bad meat**
zkažené maso [ska-zhe-né ma-
so], **bad boy** zlý hoch [zlee
hokh], **I feel bad** necítím se
dobře [ne-tsee-tyeem se dob-
rzhe], **not bad** docela dobrý
[do-tse-la dob-ree], **it's bad**
to je špatné [to ye shpat-né]
bag taška [tash-ka] f., pytel
[pi-tel]
baggage zavazadla [za-va-zad-
la] pl., **I lost my baggage**
ztratil/la jsem zavazadlo
[stra-tyil sem...]
bake péci [pé-tsi], **freshly
baked bread** čerstvě pečený
chléb [cher-stvye pe-che-nee
khlép]
bakery pekárna [pe-kár-na] f.
balcony balkón m.
bald holohlavý [ho-lo-hla-vee],
plešatý [ple-sha-tee]
ball míč [meech] m., koule
[kow-le] f., ples m., **throw me
a ball** hod' mi míč, **a glass**

ball skleněná koule [skle-nye-
ná kow-le], **invitation to the
ball...** pozvánka na ples
ballet balet m.
banana banán m.
band kapela f., **brass band**
dechová kapela [de-kho-vá ka-
pe-la]
bandage obvaz [ob-vas] m., **I
need a new bandage** potřebuji
nový obvaz [po-trzhe-bu-yi no-
vee ob-vas]
bank banka [ban-ka] f., **where
is the nearest bank?** kde je tu
nejbližší banka? [kde ye ney-
bli-shee ban-ka], **bank account**
bankovní účet [ban-kov-nyee
oo-chet]
bar bar m., **see you at the bar**
sejdeme se u baru [sey-de-me
se u ba-ru], **a bar of
chocolate** tabulka čokolády
[ta-bul-ka cho-ko-lá-di]
barber holič [ho-lich] m.
bargain smlouvat [smlow-vat],
obchod [ob-khot] m., **it's
a real bargain!** to je levné!
[to ye lev-né], **we made
a bargain** dohodli jsme se [do-
hod-li sme se]
bartender barman m., barmanka f.
basic základní [zá-klad-nyee],
the room was rather basic
pokoj byl velice skrovný [po-
koy bil ve-li-tse skrov-nee]
basin umyvadlo [u-mi-vad-lo] n.
basket koš [kosh] m., **fruit-
basket** košík s ovocem [ko-
sheek so-vo-tsem]
bath koupel [kow-pel] f.,
to have/take a bath vykoupat
se ve vaně [vi-kow-pat se ve
va-nye]
bathe koupat se venku [kow-pat]
bathing·suit plavky [plaf-
ki] pl.
bathroom koupelna [kow-pel-
na] f.

bath-tub vana [va-na] f.
battery baterie [ba-te-ri-ye]
f., **flat battery** vybitá baterie [vi-bi-tá ba-te-ri-ye]
battle bitva [bit-va] f.
bay záliv [zá-lif] m.
be být [beet], **I am American**
jsem Američan [sem a-me-ri-chan], **are you Czech?** jste
Čech? [ste chekh], **is she a
student?** je studentka? [ye
stu-dent-ka], **where have you
been?** kde jste byl/la? [kde
ste bil], **be happy!** bud'te
spokojen! [bud'-te spo-ko-yen], **don't be late!** nepřijd'
pozdě! [ne-przhid' poz-dye]
beach pláž [plázh] f., **to the
beach** na pláž
beads korále [ko-rá-le] pl.
beans fazole [fa-zo-le] pl.
beard vousy [vow-si] pl.
beautiful krásný [krás-nee],
it's beautiful to je krásné
[to ye krás-né]
because protože [pro-to-zhe],
kvůli [kvoo-li], **we couldn't
come because...** nemohli jsme
přijít, protože...[ne-moh-li
sme przhi-yeet,pro-to-zhe]
because of you kvůli vám
[kvoo-li vám]
bed postel [pos-tel] f., lůžko
[loosh-ko] n., **double bed**
manželská postel [man-zhel-ská
pos-tel], **single bed** jedno
lůžko [yed-no loosh-ko], **he
goes to bed** jde spát [de spát]
bed and breakfast nocleh se
snídaní [nots-lekh se snyee-da-nyee], **bed-linen** ložní
prádlo [lozh-nyee prád-lo]
bedroom ložnice [lozh-nyi-tse]
f., pokoj [po-koy] m.
bee včela [fche-la] f.
beef hovězí maso [ho-vye-zee
ma-so] n., **lean beef** libové
hovězí [li-bo-vé], **beefsteak**
biftek [bif-tek]
beer pivo [pi-vo] n., **light
beer** světlé pivo [svyet-lé],
dark beer černé pivo [cher-né]

waiter, another one!   pane
vrchní, ještě jedno! [pa-ne
vrkh-nyee esh-tye yed-no]
beetle brouk [browk] m.
before před [przhet],   dříve
[drzhee-ve],   **can I see you
before lunch?** uvidím vás před
obědem? [u-vi-dyeem vás przhet
o-bye-dem]
begin začít [za-cheet]
beginner začátečník [za-chá-tech-nyeek] m.,   **I'm just a
beginner** jsem jen začátečník
[sem yen za-chá-tech-nyeek]
beginning začátek   [za-chá-tek] m., **at the beginning...**
na začátku...[na za-chát-ku]
behavior chování [kho-vá-nyee]
n., způsoby [spoo-so-bi] pl.
behind za,   vzadu [vza-du],
behind the door za dveřmi [za
dverzh-mi]
believe věřit [vye-rzhit], **do
you believe me?**   věříte mi?
[vye-rzhee-te mi],   **I don't
believe you** nevěřím vám [ne-vye-rzheem vám]
bell zvon m., **door-bell** zvonek,
ring the bell!   zazvoňte!
[za- zvon'-te]
belong patřit [pat-rzhit], **that
doesn't belong to me**   to není
moje [to ne-nyee mo-ye], **does
it belong to you?** je to vaše?
[ye to va-she]
below dole, pod, **below the car**
pod autem [pod aw-tem]
belt opasek m., řemen [rzhe-men] m., pásek m.
bend zatáčka [za-tách-ka] f.,
ohýbat /se/ [o-hee-bat], **don't
bend!** neohýbat! [ne-o-hee-bat]
beside vedle, u,   **beside the
house**   u domu,   **is the seat
beside you free?** je to místo
vedle vás volné? [ye to mees-to ved-le vás vol-né]
besides kromě [kro-mnye], mimo
best nejlepší [ney-lep-shee],
the best room, please nejlepší
pokoj, prosím [ney-lep-shee
po-koy pro-seem]

bet sázka [sás-ka] f., **sázet,**
make a bet vsaď'te se [fsaď'-
te se]
better lepší [lep-shee], **that's**
much better to je mnohem lepší
[to ye mno-hem lep-shee], **I am**
better je mi lépe [ye mi lé-
pe], **he is getting better** daří
se mu lépe [da-rzhee se mu
lé-pe]
between mezi, **in between**
uprostřed [u-pro-strzhet],
between ourselves mezi námi
[me-zi ná-mi]
beverage nápoj [ná-poy] m.
bicycle /jízdní/ kolo [yeez-
dnyee ko-lo]
big velký [vel-kee], silný [sil-
nee], **is it big enough?** je to
dost velké? [ye to dost vel-
ké]
bigger větší [vyet-shee]
bill účet [oo-chet] m., **bill,**
please! platím! [pla-tyeem],
make out my bill, please!
připravte mi účet, prosím!
[przhi-praf-te mi oo-chet pro-
seem]
bird pták m.
birthday narozeniny [na-ro-ze-
nyi-ni] pl., **happy birthday!**
všechno nejlepší! [fshe-khno
ney-lep-shee], **when is your**
birthday? kdy máte narozeniny?
[kdi má-te na-ro-ze-nyi-ni]
biscuit suchar [su-khar] m.,
sušenka [su-shen-ka] f.
bit kousek [kow-sek] m., **a bit**
of everything trochu od všeho
[tro-khu ot fshe-ho], **just**
a little bit jenom kousek [ye-
nom kow-sek], **it's a bit**
chilly je trochu chladno [ye
tro-khu khlad-no]
bite kousat [kow-sat], štípat
[shtyee-pat], **I'm allergic to**
insect bites jsem alergický na
štípnutí [sem a-ler-gits-kee
na shtyee-pnu-tyee]
bitter hořký [horzh-kee],
that's bitter to je hořké [to
ye horzh-ké]

black černý [cher-nee], **black**
coffee černá káva [cher-ná
ká-va]
blanket pokrývka [po-kreef-ka]
f., **can I get another blanket?**
mohu dostat ještě jednu
pokrývku? [mo-hu dos-tat yesh-
tye yed-nu po-kreef-ku]
bleach odbarvit [od-bar-vit],
bělidlo [bye-lid-lo] n.
bleed krvácet [kr-vá-tset],
I'm bleeding, help me!
pomoc, krvácím! [po-mots,
kr-vá-tseem]
blind slepý [sle-pee], **blind**
alley slepá ulička [sle-pá u-
lich-ka]
blister puchýř [pu-kheerzh] m.
block blok m.
blond plavý [pla-vee], blond
blood krev [kref] f., **high**
blood pressure vysoký krevní
tlak [vi-so-kee krev-nyee
tlak]
blouse blůza [bloo-za] f.,
halenka [ha-len-ka] f.
blue modrý [mod-ree], **blue sky**
modré nebe [mod-ré ne-be]
board deska [des-ka] f., paluba
[pa-lu-ba] f., **full board** plná
penze [pl-ná pen-ze]
boarding-house penzión [pen-zi-
yón] m.
boarding-pass palubní lístek
[pa-lub-nyee lees-tek] m.
boat člun [chlun] m., loď f.
body tělo [tye-lo] n., **/dead/**
body mrtvola [mrt-vo-la] f.
Bohemia Čechy [che-khi] pl.
boil vařit [va-rzhit], **boiling**
hot water vařící voda [va-
rzhee-tsee vo-da]
bomb bomba [bom-ba] f.
bone kost f.
book kniha [knyi-ha] f., **this**
flight is fully booked tento
let je plně obsazen [ten-to
let ye pl-nye ob-sa-zen], **book**
a table for tonight! zamluvte
stůl na dnes večer! [za-mluf-
te stool na dnes ve-cher]
booklet brožura [bro-zhu-ra] f.

bookstore knihkupectví [knyikh-ku-pets-tvee] n.
border hranice [hra-nyi-tse] f. okraj [o-kray] m., **how far is the border crossing?** jak daleko je hraniční přechod? [yak da-le-ko ye hra-nyich-nyee przhe-khot]
bore nudit se [nu-dyit], **are you bored?** nudíte se? [nu-dyee-te se], **it's boring** to je nudné [to ye nud-né]
born narozen/a [na-ro-zen] adj. **I was born...** narodil/a jsem se...[na-ro-dyil sem se]
borrow půjčit si [pooy-chit si] **may I borrow...?** mohu si půjčit...[mo-hu si pooy-chit]
boss šéf [shéf] m.
both oba /dva/, obojí [o-bo-yee], **both of you** vy oba [vi o-ba], **I'll take both** vezmu si obojí [vez-mu si o-bo-yee]
bother obtěžovat [ob-tye-zho-vat], **don't bother** neobtěžujte se [ne-ob-tye-zhuy-te se]
bottle láhev [lá-hef] f., **a bottle of mineral water** láhev minerálky [lá-hef mi-ne-rál-ki], **another bottle of wine** ještě jednu láhev vína [yesh-tye yed-nu lá-hef vee-na]
bottom dno n., zadek m./of person/, **at the bottom** na dně [na dnye], **bottom price** nejnižší cena [ney-nyi-shee tse-na]
bowels střeva [strzhe-va] pl.
bowl mísa [mee-sa] f., **bowl of soup** talíř polévky [ta-leerzh po-léf-ki]
box krabice [kra-bi-tse] f., bedna f.
box office pokladna [po-klad-na] f.
boy chlapec [khla-pets] m.
boyfriend mládenec [mlá-de-nets] m., **that's my boyfriend** to je můj přítel [to ye mooy przhee-tel]
bra podprsenka [pod-pr-sen-ka] f.

bracelet náramek [ná-ra-mek] m.
brain mozek [mo-zek] m.
brake brzda [brz-da] f., **hand-brake** ruční brzda [ruch-nyee], **adjust the brakes!** seřid'te mi brzdy! [se-rzhit'-te mi brz-di]
brand značka [znach-ka] f.
brave statečný [sta-tech-nee]
bread chléb [khlép] m., **bread and butter** chléb s máslem [khlép smá-slem], **can I get some fresh bread?** máte čerstvý chléb?[má-te cher-stvee khlép]
break zlomit [zlo-mit], rozbít, **don't break it!** nerozbij to! [ne-roz-biy to], **my wrist was broken** zlomila jsem si zápěstí [zlo-mila sem si zá-pyes-tyee]
breakfast snídaně [snyee-da-nye] f., **what time do you serve breakfast?** v kolik hodin dáváte snídani? [fko-lik ho-dyin dá-vá-te snyee-da-nyi]
breast prsa [pr-sa] pl.
breathe dýchat [dee-khat], **I can't breathe** nemohu dýchat [ne-mo-hu dee-khat]
brick cihla [tsih-la] f.
bride nevěsta [ne-vyes-ta] f.
bridegroom ženich [zhe-nyikh] m.
bridge most m., **over the bridge** přes most [przhes most]
brief krátký/á [krát-kee]
briefcase aktovka [ak-tof-ka] f., taška [tash-ka] f.
bright jasný/á [yas-nee], **bright light** jasné světlo [yas-né svyet-lo], **bright boy** chytrý chlapec [khit-ree khla-pets]
bring přinést [przhi-nést], **bring me my luggage!** přineste má zavazadla! [przhi-nes-te má za-va-zad-la], **can I bring my friend?** mohu přivést svého přítele? [mo-hu przhi-vést své-ho przhee-te-le]
Britain Británie [bri-tá-ni-ye]
broil pražit [pra-zhit], **broiled meat** pražené maso

[pra-zhe-né ma-so], **broiled chicken** kuře na rožni [ku-rzhe na rozh-nyi]
brooch brož [brozh] f.
brother bratr [bra-tr] m., **I have one brother** mám jednoho bratra [mám yed-no-ho brat-ra]
brother-in-law švagr [shva-gr]
brown hnědý/á [hnye-dee]
brunet brunet, tmavovlasý/á [tma-vo-vla-see]
brush kartáč [kar-tách] m., **paint-brush** štětec [shtye-tets] m.
bucket kbelík [kbe-leek] m.
budget rozpočet [ros-po-chet]m.
bug štěnice [shtye-nyi-tse] f., hmyz [hmis] m.
build stavět [sta-vyet]
building budova [bu-do-va] f., **that large building over there** tamta velká budova
bulb žárovka [zhá-rof-ka] f., **I need a new bulb** potřebuji novou žárovku [po-trzhe-bu-yi no-vow zhá-rof-ku]
Bulgaria Bulharsko [bul-har-sko] n.
bull býk [beek] m.
bullet kulka f.
bump uhodit se [u-ho-dyit], boule [bow-le] f.
bumper nárazník /auta/ [ná-raz-nyeek] m.
bun žemle [zhem-le] f., houska [how-ska] f.
bunch svazek [sva-zek] m., **bunch of flowers** kytice [ki-tyi-tse] f.
bunk-bed palanda [pa-lan-da] f.
burglary vloupání [vlow-pá-nyee] n., krádež [krá-dezh] f.
burn spálit, hořet [ho-rzhet], **I burnt my hand** spálil jsem si ruku [spá-lil sem si ru-ku], **this meat is burnt** to maso je spálené [to ma-so ye spá-le-né], **sunburnt** opálený/á [o-pá-le-nee]
burst prasknout [prask-nowt]
bus autobus [aw-to-bus] m., **does this bus go to...?**

jede tenhle autobus do...? [ye-de ten-hle aw-to-bus do], **where is the bus-stop?** kde je tu zastávka autobusu? [kde ye tu zas-táf-ka aw-to-bu-su]
business obchod [ob-khot] m., povolání [po-vo-lá-nyee] n., **are you here on business?** jste tu služebně? [ste tu sluzheb-nye], **how is business?** jak jde obchod? [yak de ob-khot], **that's not your business** do toho vám nic není [do to-ho vám nyits ne-nyee]
businessman obchodník [ob-khod-nyeek] m., **I'm a businessman** jsem obchodník [sem ob-khod-nyeek]
busy zaměstnaný [za-mnyest-na-nee], **sorry, I'm busy now** promiňte, nemám ted' čas [pro-min'-te ne-mám ted' chas], **the line is busy** linka je obsazena [lin-ka ye ob-sa-ze-na], **busy street** rušná ulice [rush-ná u-li-tse]
but ale, jen [yen]
butcher řezník [rzhez-nyeek] m.
butter máslo [más-lo] n., **unsalted butter** neslané máslo [ne-sla-né más-lo]
butterfly motýl [mo-teel] m.
buttermilk podmáslí [pod-más-lee] n.
button knoflík [knof-leek] m., **button up** zapnout [zap-nowt]
buy koupit /si/ [kow-pit], nakupovat [na-ku-po-vat], **where can I buy...?** kde si mohu koupit...? [kde si mo-hu kow-pit]
by vedle, u, **by mail** poštou [posh-tow], **by car/train** autem /vlakem, **a table by the window** stůl u okna [stool u ok-na], **she passed by** šla kolem [shla ko-lem], **by night** v noci [vno-tsi], **by day** ve dne
by-pass objížd'ka [ob-yeezhd'-ka
bye-bye nashledanou [na-skhle-da-now]

cab taxík [tak-seek] m. **call me a cab, please!** zavolejte mi taxíka, prosím vás! [za-vo-ley-te mi ta-ksee-ka pro-seem]
cabbage zelí [ze-lee] n., **pork and cabbage** vepřové se zelím [vep-rzho-vé se ze-leem]
cable telegram [te-le-gram] m., kabel m., **I would like to send a cable** chci poslat telegram [khtsi pos-lat te-le-gram]
café kavárna [ka-vár-na] f., **see you at the café...** potkáme se v kavárně... [pot-ká-me se fka-vár-nye]
cage klec [klets] f.
cake koláč [ko-lách] m.,**a piece of cake** kousek koláče [kow-sek ko-lá-che]
calendar kalendář [ka-len-dárzh] m.
calf tele n., lýtko [leet-ko] n., **I hurt my calf** poranil jsem si lýtko [po-ra-nyil sem si leet-ko]
call volat, jmenovat /se/ [me-no-vat], **I'll call you tomorrow** zavolám vás zítra [za-vo-lám vás zeet-ra], **it's called...**to se jmenuje ... [to se me-nu-ye], **call the waiter!** zavolejte vrchního! [za-vo-ley-te vrkh-nyee- ho], **a local call** místní hovor [meest-nyee ho-vor], **I'd like to make a call to...** chtěl bych si zatelefonovat [khtyel bikh si za-te-le-fo-no-vat]
calm tichý [tyi-khee], klidný [klid-nee], **calm down!** uklidněte se! [u-klid-nye-te]
calorie kalorie [ka-lo-ri-ye], **I'm on low calorie diet** jsem na dietě [sem na di-ye-tye]
camera kamera f., fotoaparát [fo-to-a-pa-rát] m.
camp tábor m., **where is the nearest camp?** kde je tu nejbližší tábor? [kde ye tu ney-bli-shee tá-bor]
can moci [mo-tsi], smět [smnyet], **I can do it** to mohu udělat [to mo-hu u-dye-lat], **can you come?** můžete přijít? [moo-zhe-te przhi-yeet], **I can't drive** nemohu řídit [ne-mo-hu rzhee-dyit], **that can't be true** to nemůže být pravda [to ne-moo-zhe beet prav-da]
can konzerva [kon-zer-va] f., plechovka [ple-khof-ka] f.
Canada Kanada
Canadian kanadský [ka-nad-skee] Kanaďan [ka-na-dyan] m., Kanaďanka [ka-na-dyan-ka] f.
cancel zrušit [zru-shit], **the trip was cancelled** zájezd byl zrušen [zá-yest bil zru-shen], **can I cancel it?** mohu to zrušit? [mo-hu to zru-shit]
cancer rakovina f.
candle svíčka [sveech-ka] f.
candy cukroví [tsu-kro-vee] n., **candies** bonbón m.
can-opener otvírák na konzervy [ot-vee-rák na kon-zer-vi]
cap čapka [chap-ka] f., víko [vee-ko] n.
capital hlavní [hlav-nyee], **capital city** hlavní město [hlav-nyee mnyes-to], **capital letter** velké písmeno [vel-ké pees-me- no]
car auto [aw-to] n., vůz [voos] m., **go by car.** jeďte autem! [yeď-te aw-tem]
carburetor karburátor m.
card karta f., **postcard** pohlednice [po-hled-nyi-tse] f., **here is my business card** tady je má vizitka [ta-di ye má vi-zi-tka], **do you play cards?** hrajete karty? [hra-ye-te kar-ti]

care péče [pé-che] f., starat se, **I don't care** to je mi jedno [to ye mi yed-no], **take care!** dávejte pozor! [dá-vey-te po-zor], **she takes care of... stará se o... care of...** k rukám...

careful opatrný [o-pa-tr-nee], **be careful!** dej(te) pozor! [dey-te po-zor]

careless neopatrný [ne-o-pa-tr-nee], nedbalý [ned-ba-lee]

caretaker domovník [do-mov-nyeek] m., hlídač [hlee-dach] m.

carnation karafiát [ka-ra-fi-yát] m.

car-park parkoviště [par-ko-vish-tye] n.

carp kapr [ka-pr] m.

carpet koberec [ko-be-rets] m.

carrot mrkev [mr-kef] f.

carry nosit [no-sit], odnést [od-nést]

carve vyřezávat [vi-rzhe-zá-vat], krájet [krá-yet], **carving** řezba [rzhez-ba] f.

carwash mytí auta [mi-tyee aw-ta]

case případ [przhee-pat] m., **that's not the case** tak to není [tak to ne-nyee], **in any case** v každém případě [fkazh-dém przhee-pa-dye], **just in case...** pro všechny případy.. [pro fshekh-ni przhee-pa-di], **in case of...** v tom případě, že... [ftom przhee-pa-dye zhe], **pen case** pouzdro na pero [pow-zdro na pe-ro]

cash (hotové) peníze [pe-nyee-ze] pl., **I'll pay cash** platím hotově [pla-tyeem ho-to-vye], **I'm out of cash** nemám žádné peníze [ne-mám zhád-né pe-nyee-ze]

cash-desk pokladna f.

cashier pokladní [po-klad-nyee]

cassette kazeta f.

castle zámek m., hrad m.

casual neformální [ne-for-mál-nyee], **casual clothes**

vycházkové oblečení [vi-khás-ko-vé o-ble-che-nyee]

cat kočka [koch-ka] f.

catch chytit [khi-tyit], dohonit [do-ho-nyit], **catch him!** chyt'te ho! [khit'-te ho] **catch the train** stihnout vlak [styih-nowt vlak]

Catholic katolický [ka-to-lits-kee], katolík [ka-to-leek] m.

cattle dobytek [do-bi-tek] m.

cauliflower květák [kvye-ták] m., karfiól [kar-fi-yól] m.

cause důvod [doo-vot] m.

cave jeskyně [yes-ki-nye] f.

ceiling strop m.

celebration oslava f., slavnost f.

celery celer [tse-ler] m.

cemetary hřbitov [rzhbi-tof] m.

center střed [strzhet] m., **town center** centrum města [tsen-trum mnyes-ta]

centigrade stupeň Celsia [stu-pen' tsel-zi-ya] m.

centimeter centimetr [tsen-ti-me-tr] m.

central ústřední [oo-strzhed-nyee], **central heating** ústřední topení [oo-strzhed-nyee to-pe-nyee]

century století [sto-le-tyee] n., **in the 20th century** ve dvacátém století [ve dva-tsá-tém sto-le-tyee]

ceramics keramika f.

cereals vločky [vloch-ki] pl., obilniny [o-bil-nyi-ni] pl., **certain** jistý [yis-tee], **I'm not certain** nejsem si jistý [ney-sem si yis-tee]

certainly jistě [yis-tye], určitě [ur-chi-tye], **certainly not** vůbec ne [voo-bets ne]

certificate potvrzení [po-tvr-ze-nyee] n., průkaz [proo-kas] m., **a birth/marriage certificate** rodný/oddací list [rod-nee o-da-tsee list], **a health certificate** lékařské vysvědčení [lé-karzh-ské vi-svyed-che-nyee]

chain řetěz [rzhe-tyes] m.
chair židle [zhid-le] f.
chance náhoda f.,   možnost
[mozh-nost] f.,   **by chance**
náhodou [ná-ho-dow], **take your
chances!** riskněte to! [risk-
nye-te to]
change změna [zmnye-na] f.,
drobné /peníze/ pl.,   **for a
change** pro změnu [zmnye-nu],
have you got any change? máte
nějaké drobné?   [nye-ya-ké
drob-né], **give me change for
$ 20, please**   prosím vás,
vyměňte mně 20 dolarů [pro-
seem vás vi-mnyen'-te mnye 20
do-la-roo], **I changed my mind**
rozmyslil/a jsem si to [roz-
mis-lil sem si to], **change the
bus/train at...** přesedněte v..
[przhe-sed-nye-te],   **can I
change it?** mohu to vyměnit?
[mo-hu to vi-mnye-nyit],   I
have to change my clothes
musím se převléci [mu-seem se
przhe-vlé-tsi]
channel kanál m.
chapel kaple f.
charge poplatek [po-pla-tek] m.
free of charge zdarma, **are you
in charge here?** máte to tady
na starost?, **how much do you
charge for...**   kolik za to
počítáte? [ko-lik za to po-
chee-tá-te]
charming půvabný [poo-vab-nee]
cheap levný [lev-nee], laciný
[la-tsi-nee], **that's cheap** to
je laciné [to ye la-tsi-né]
cheat podvést,   **don't cheat!**
nepodvádějte!   [ne-pod-vá-
dyey-te]
check šek [shek] m.,   účet
[oo-chet] m.,   kontrolovat
will you take a check?
rozměnil byste mi šek? [roz-
mnye-nyil bis-te mi shek],
check the bill, please
prosím vás zkontrolujte ten
účet [skon-tro-luy-te   ten
oo-chet], **check in/out (in
a hotel)**   přihlásit se/

odhlásit se (v hotelu) [przhi-
hlá-sit/od-hlá-sit se]
checked kostkovaný/á [kost-ko-
va-nee],   **a checked scarf**
kostkovaný šátek [shá-tek]
cheek tvář [tvárzh] f.
cheeky drzý/á [dr-zee]
cheers na zdraví! [na zdra-vee]
cheer up! hlavu vzhůru! [hla-vu
zhoo-ru]
cheese sýr [seer] m.,   **cheese-
cake** tvarohový koláč [tva-ro-
ho-vee ko-lách]
chemist lékárník   [lé-kár-
nyeek] m.
cherry třešně [trzhesh-nye] f.,
višně [vish-nye] f.
chess šachy [sha-khi] pl.
chest prsa [pr-sa] pl., truhla
[tru-hla] f., **I feel pain in
the chest** bolí mne v prsou
[bo-lee mne fpr-sow], **an old
chest** stará truhla
chestnut kaštan [kash-tan] m.
chew žvýkat   [zhvee-kat],
chewing gum žvýkačka [zhvee-
kach-ka] f.
chicken kuře [ku-rzhe] n.
chicken-pox plané neštovice
[nesh-to-vi-tse] pl.
child dítě   [dyee-tye] n.
children děti [dye-tyi] pl.
chill chlad [khlat] m.,   **well
chilled wine** dobře vychlazené
víno [dob-rzhe vi-khla-ze-né
vee-no], **it's chilly** je chlad-
no [ye khlad-no]
chimney komín [ko-meen] m.
chin brada f.
china porcelán [por-tse-lán] m.
China Čína [chee-na]
chip uštípnout [u-shtyee-pnowt]
chips smažené brambůrky [sma-
zhe-né bram-boor-ki] pl.
chocolate čokoláda [cho-ko-lá-
da] f. **a hot chocolate** teplé
kakao, **chocolates** čokoládové
bonbóny [bon-bó-ni]
choice výběr [vee-byer] m. **you
have no choice**   nemáte na
vybranou [vi-bra-now]

choose vybrat si [vi-brat],
rozhodnout se [roz-hod-nowt]
would you like to choose?
chcete si vybrat? [khtse-te
si vi-brat]
chop sekat, **a pork chop** vepřová
kotleta [vep-rzho-vá kot-le-
ta]
Christian křest'an [krzhes-
tyan] m.
Christmas vánoce [vá-no-tse]
pl., **Christmas Eve** Štědrý
večer [shtyed-ree ve-cher]
church kostel m., **Catholic**
church katolická církev [ka-
to-lits-ká tseer-kef]
cider mošt [mosht] m., **apple**
cider jablečný mošt [yab-lech-
nee mosht]
cigar doutník [dowt-nyeek] m.
cigarette cigareta [tsi-ga-re-
ta] f., **cigarette lighter**
zapalovač [za-pa-lo-vach] m.
cinema kino n., biograf m.
circle kruh m., kolo n.
citizen občan/ka [ob-chan/ka]
m., f., **are you a Czech citi-**
zen? jste český občan? [ste
ches-kee ob-chan]
citizenship občanství [ob-chan-
stvee] n., **what's your**
citizenship? jaké máte
občan-ství? [ya-ké má-te ob-
chan-stvee]
city město [mnyes-to] n.,velko-
město n.
claim žádat [zhá-dat], reklamo-
vat, nárok m.
class třída [trzhee-da] f.
clean čistý/á [chis-tee],
uklidit [u-kli-dyit], **can we**
get clean towels/sheets?
můžeme dostat čisté ručníky/
povlečení? [moo-zhe-me dos-tat
chis-té ruch-nyee-ki/po-vle-
che-nyee], **that's not clean!**
to není čisté! [to ne-nyee
chis-té], **can you clean our**
room? můžete uklidit náš
pokoj? [moo-zhe-te u-kli-dyit
násh po-koy]
clear jasný/á [yas-nee], **clear**

out vyklidit [vi-kli-dyit],
clear up vysvětlit [vi-svyet-
lit], **that's not clear** to
není jasné [to ne-nyee yas-né]
clever chytrý/á [khit-ree]
cliff útes [oo-tes] m.
climate podnebí [pod-ne-bee] n.
klima n.
climb šplhat [shpl-hat], stou-
pat [stow-pat], **climb down**
sestoupit [se-stow-pit]
clinic lékařské středisko [lé-
karzh-ské strzhe-dyis-ko] n.,
klinika f.
cloakroom šatna [shat-na] f.
clock hodiny [ho-dyi-ni] pl.
close blízký/á [blees-kee],
zavřít [zav-rzheet], **close**
relative blízký příbuzný
[blees-kee przhee-buz-nee],
close to the car blízko auta
[blees-ko aw-ta], **it's close**
to je blízko [to ye blees-ko],
what time do you close? kdy
zavíráte? [kdi za-vee-rá-te]
closed zavřeno [za-vrzhe-no]
cloth látka f.
clothes šaty [sha-ti] pl.
cloud mrak m., **it's cloudy**
je zamračeno/oblačno [ye za-
mra-che-no/ob-lach-no]
club klub m.
clutch spojka [spoy-ka] f.,
sevřít [sev-rzheet]
coach autokar [aw-to-kar] m.,
trenér m., **we'll go by coach**
pojedeme autokarem [po-ye-de-
me aw-to-ka-rem], **is he a good**
coach? je to dobrý trenér? [ye
to dob-ree tre-nér]
coal uhlí [uh-lee] n.
coast pobřeží [po-brzhe-zhee]
n., břeh [brzhekh] m.
coat kabát m., **is it your coat?**
je to váš kabát? [ye to vásh
ka-bát]
coat-hanger ramínko na šaty
[ra-meen-ko na sha-ti] n.
cobweb pavučina [pa-vu-chi-na]
cock kohout [ko-howt] m.
cockroach šváb [shváb] m.
cocktail koktail m.

cocoa kakao n.
coconut kokosový ořech [ko-ko-so-vee o-rzhekh] m.
cod treska f.
code kód m.
coffee káva f., **one black/Turkish coffee, please** jednu černou/tureckou kávu, prosím [yed-nu cher-now/tu-rets-kow ká-vu pro-seem], **two coffees with cream** dvě kávy se šlehačkou [dvye ká-vi se shle-hach-kow], **coffee-house** kavárna
coffin rakev f.
coin /kovová/ mince [ko-vo-vá min-tse]
Coke koka-kola f.
cold studený/á [stu-de-nee], zima f., **a cold beer** studené pivo, **I'm cold** je mi zima [ye mi zi-ma], **I have a cold** jsem nachlazený/á [sem na-khla-ze-nee], **it's cold** je chladno/zima [ye khlad-no]
collar límec [lee-mets] m.
collect sbírat [sbee-rat], **a collect call** hovor na účet volaného [oo-chet vo-la-né-ho]
collection sbírka [sbeer-ka] f.
college vysoká škola [vi-so-ká shko-la] f., kolej [ko-ley] f.
color barva f., **what color is it?** jakou to má barvu? [ya-kow to má bar-vu]
comb hřeben [hrzhe-ben] m., česat [che-sat]
come přijít [przhi-yeet], přijet [przhi-yet], **come back!** vrať te se!, **come in!** dále! **come here!** pojď te sem! [pot'-te sem], **can you come later?** můžete přijít později? [moo-zhe-te przhi-yeet poz-dye-yi]
comfortable pohodlný/á [po-ho-dl-nee], příjemný/á [przhee-yem-nee], **make yourself comfortable!** udělejte si pohodlí! [u-dye-ley-te si po-hod-lee]
common společný [spo-lech-nee] běžný [byezh-nee]
commute dojíždět do zaměstnání

[do-yeezh-dyet do za-mnyest-ná-nyee]
company společnost [spo-lech-nost] f., **I'll keep you company** budu vám dělat společnost
compare srovnávat [sro-vná-vat]
compartment kupé n., oddělení [od-dye-le-nyee] n.
compensation náhrada f.
compete soutěžit [sow-tye-zhit]
complain stěžovat si [stye-zho-vat], **don't complain!** nestěžujte si! [ne-stye-zhuy-te si] **I'm going to complain** budu si stěžovat
complete úplný/á [oo-pl-nee], dokončit [do-kon-chit]
complicated složitý/á [slo-zhi-tee], **it's complicated!** to je složité! [to ye slo-zhi-té]
compliment poklona f., pochvala [po-khva-la] f., **with compliments...** blahopřeji... [bla-ho-przhe-yi]
composer skladatel m.
compromise dohoda f., kompromis
compulsory povinný/á [po-vi-nee]
computer počítač [po-chee-tach]
concentrate soustředit se [sow-strzhe-dyit], **I can't concentrate** nemohu se soustředit
concern týkat se [tee-kat], **I'm concerned...** mám starost..., **To whom it may concern** Doporučení [do-po-ru-che-nyee]
concert koncert [kon-tsert] m.
condition podmínka [pod-meen-ka] f., stav m., **that's my condition** to je má podmínka [to ye má pod-meen-ka], **it's in bad condition** je to ve špatném stavu [ye to ve shpat-ném sta-vu]
condom prezervativ m.
conductor dirigent m., průvodčí [proo-vod-chee] m., **bus/train conductor** průvodčí v autobusu/ve vlaku
conference konference f.

confidence důvěra [doo-vye-ra] f., jistota [yis-to-ta] f.
confirm potvrdit [po-tvr-dyit], **I would like to confirm my reservation** chci potvrdit svou rezervaci [khtsi po-tvr-dyit svow re-zer-va-tsi]
confuse zmást, **I'm confused** jsem popletený/á [sem po-ple-te-nee]
congratulate gratulovat, **my congratulations!** gratuluji! [gra-tu-lu-yi]
connection spojení [spo-ye-nyee], **it's a bad connection to je špatné spojení** [to ye shpat-né spo-ye-nyee]
conscience svědomí [svye-do-mee] n.
conscious vědomý/á [vye-do-mee] **při vědomí** [przhi vye-do-mee], **I'm conscious of it** jsem si toho vědom/a [sem si to-ho vye-dom]
consist skládat se
constant stálý/á [stá-lee]
constipation zácpa [záts-pa] f.
consulate konzulát m.
contact styk [stik] m.,kontakt, **I'll contact you** budu vás kontaktovat
contact lenses kontaktní čočky [kon-takt-nyee choch-ki] pl.
contain obsahovat
container nádoba f.
continent pevnina [pev-nyi-na] f.,světadíl [svye-ta-dyeel] m.
continue pokračovat [po-kra-cho-vat]
contrast rozdíl [roz-dyeel] m.
convenient vhodný/á [vhod-nee] **when is it convenient?** kdy se vám to hodí? [kdi se vám to ho-dyee]
cook vařit [va-rzhit], kuchař/ka [ku-kharzh] m.,f., **I like to cook** rád/a vařím [rád va-rzheem], **she is a good cook** je dobrá kuchařka
cooker vařič [va-rzhich] m.
cookie sušenka [su-shen-ka] f.
cool chladný/á [khlad-nee]

copper měd' [mnyed'] f.
copy kopie [ko-pi-ye] f.
cork korek m., zátka f.
corkscrew vývrtka [vee-vrt-ka] f., **I need a corkscrew** potřebuji vývrtku [po-trzhe-bu-yi vee-vrt-ku]
corn kukuřice [ku-ku-rzhi-tse] f.
corner roh m., kout [kowt] m. **at the corner** na rohu, **round the corner** za rohem, **in the corner** v koutě [fkow-tye]
cornflakes kukuřičné vločky [ku-ku-rzhich-né vloch-ki] pl.
correct správný/á [správ-nee], opravit, **that's correct!** správně! [správ-nye]
corridor chodba [khod-ba] f.
cosmetics kosmetika f.
cost stát, cena [tse-na] f., **how much does it cost?** kolik to stojí? [ko-lik to sto-yee]
cottage chalupa [kha-lu-pa] f.
cotton bavlna [ba-vl-na] f., **a cotton shirt** bavlněná košile [ba-vl-nye-ná ko-shi-le]
cotton-wool vata f.
cough kašel [ka-shel] m., **cough medicine** sirup proti kašli [si-rup pro-tyi kash-li]
could:could you help me? mohl/a byste mi pomoci? [mo-hl bis-te mi po-mo-tsi], **I couldn't do it** nemohl/a jsem to udělat [ne-mo-hl sem to u-dye-lat]
count počítat [po-chee-tat], **I count on it** počítám s tím [po-chee-tám styeem]
counter pult m.
country země [ze-mnye] f., vlast f., venkov m., **my country** má vlast,**in the country** na venkově [ven-ko-vye]
couple pár m., dvojice [dvo-yi-tse] f., **a married couple** manželé [man-zhe-lé] pl., **a couple of...** několik...[nye-ko-lik]
courage odvaha f.
course směr [smnyer] m., kurs m., **of course** ovšem [ofshem]

court soud [sowt] m., dvůr [dvoor] m., **tennis court** tenisový dvorec [te-ni-so-vee dvo-rets]
cousin: he is my cousin to je můj bratranec [to ye mooy bra-tra-nets], **she is my cousin** to je má sestřenice [ses-trzhe-nyi-tse]
cover přikrýt [przhi-kreet], **a book cover** obal m., **a bed cover** pokrývka [po-kreef-ka]f.
cow kráva f.
coward zbabělec [zba-bye-lets]
crab rak m.
crack prasknout [pras-knowt], **it's cracked** to je prasklé
cracker suchar [su-khar] m.
craft (lidové) umění [u-mnye-nyee] n.
cramp křeč [krzhech] f.
crash havarie f., **crash course** intenzivní kurs [in-ten-ziv-nyee kurs]
crazy bláznivý/á [bláz-nyi-vee]
cream smetana f., krém m., **a face cream** krém na obličej [o-bli-chey], **a cream sauce** smetanová omáčka [sme-ta-no-vá o-mách-ka], **a whipped cream** šlehačka [shle-hach-ka] f.
credit úvěr [oo-vyer],kredit m. **credit card** kreditová karta
crib dětská postýlka [dyet-ská pos-teel-ka] f.
crime zločin [zlo-chin] m.
crisis krize f.
crockery nádobí [ná-do-bee] n.
crook podvodník [pod-vod-nyeek] m.
cross kříž [krzheesh] m., **cross the street!** přejděte ulici! [przhey-dye-te u-li-tsi]
crossing křižovatka [krzhi-zho-vat-ka] f.
crowd zástup m., dav m.
crowded přeplněný/á [przhe-pl-nye-nee], **the hall was crowded** sál byl přeplněn
crown koruna f., **(currency) Czech Crown** česká koruna [ches-ká ko-ru-na]

crucial kritický/á [kri-tits-kee]
cry plakat, křičet [krzhi-chet], **don't cry** neplačte [ne-plach-te]
cucumber /salátová/ okurka [o-kur-ka] f.
cuisine kuchyně [ku-khi-nye]
culture kultura f.
cup šálek [shá-lek] m., **a cup of tea** šálek čaje [shá-lek cha-ye]
cupboard skříňka [skrzheen-ka] f.
cure lék m., **it will cure soon** to se brzo vyléčí [br-zo vi-lé-chee]
curfew zákaz vycházení [zá-kas vi-khá-ze-nyee]
curious zvědavý/á, **I'm curious** jsem zvědavá [sem zvye-da-vá]
curlers natáčky [na-tách-ki] pl., **can you curl my hair?** můžete mi natočit vlasy? [moo-zhe-te mi na-to-chit vla-si]
currency měna [mnye-na] f.
current proud [prowt] m., běžný [byezh-nee], **electric current** elektrický proud [e-lek-trits-kee prowt]
curtain záclona [zá-tslo-na] f., opona (in theather), **draw the curtains** zatáhněte záclony [za-táh-nye-te záts-lo-ni]
curve zatáčka [za-tách-ka] f.
cushion polštář [polsh-tárzh]m.
custom zvyk [zvik] m.
customer zákazník [zá-kaz-nyeek] m.
customs celnice [tsel-nyi-tse] f., **customs duty** clo [tslo] n.
cut řezat [rzhe-zat], krájet [krá-yet], stříhat [strzhee-hat], **could you cut a piece for me?** můžete mi kousek ukrojit? [moo-zhe-te mi kow-sek u-kro-yit], **I need a hair cut** potřebuji ostříhat [pot-rzhe-bu-yi os-trzhee-hat], **I have cut myself** pořezal/a jsem se [po-rzhe-zal], **the line was cut off** bylo přerušeno spojení

[bi-lo przhe-ru-she-no spo-ye-nyee]
cutlery příbor [przhee-bor] m.
cutlet kotleta f.
cyclist cyklista [tsi-klis-ta]

Czech český [ches-kee] adj.,
Čech [chekh] m., Češka [chesh-ka] f., **Czech Republic** Česká
republika [ches-ká re-pub-li-ka]

D

dad táta m.
dairy mlékárna f.
damage poškodit [po-shko-dyit],
škoda [shko-da] f.,   **it's
damaged** to je poškozené [to ye
po-shko-ze-né],   **no damage**
žádná škoda [zhád-ná shko-da]
damp vlhký/á [vlkh-kee]
dance tanec [ta-nets] m.,
tančit,   **would you like to
dance?**   chcete si zatančit?
[khtse-te si za-tan-chit],
smím prosit? [smeem pro-sit],
a folk-dance národní /lidový
tanec [ná-rod-nyee/li-do-vee]
danger nebezpečí [ne-bes-pe-chee] n.,   **beware, danger!**
pozor, nebezpečí!
dangerous nebezpečný/á [ne-bes-pech-nee]
dare odvážit se [od-vá-zhit],
don't you dare! neodvažte se!
[ne-od-vazh-te se]
dark tmavý/á [tma-vee], tma f.,
dark blue/brown tmavo-modrý/á,
-hnědý/á [tma-vo mod-ree/hnye-dee],   **it's dark** je tma [ye
tma]
darling miláček [mi-lá-chek]
m., milovaný/á [mi-lo-va-nee]
date datum n., schůzka [skhoos-ka] f., **what's the date today?**
kolikátého je dnes? [ko-li-ká-té-ho ye], **can we have a date?**
můžeme se sejít? [moo-zhe-me
se se-yeet], **up to date** nej-novější [ney-no-vyey-shee]
date datle f.
daughter dcera [tse-ra] f., **she
is my daughter** to je má dcera

[to ye má tse-ra], **daughter-in-law** snacha [sna-kha] f.
dawn svítání [svee-tá-nyee] n.
day den m., **every day** každý den
[kazh-dee den],   **once a day**
jednou denně [yed-now de-nye],
the day   before   yesterday
předevčírem [przhe-de-fchee-rem], **the day after tomorrow**
pozítří [po-zeet-rzhee], **have
a good day!** mějte se hezky!
[mnyey-te se hes-ki]
dead mrtvý/á [mrt-vee],   **I'm
dead tired** jsem hrozně unaven
/a [sem hroz-nye u-na-ven],
dead-line konečný termín [ko-nech-nee ter-meen]
deaf hluchý/á [hlu-khee]
deal jednat [yed-nat],rozdávat,
dohoda f.,   **it's a deal!**
dohodnuto! [do-hod-nu-to], **who
is dealing /cards/?** kdo rozdá-vá /karty/?
dealer   obchodník   [ob-khod-nyeek] m., agent m.
dear drahý/á [dra-hee], milý/á
[mi-lee], **Dear Mr. .../Mrs. ..**
Milý pane .../Milá paní ...
[mi-lee pa-ne/mi-lá pa-nyee]
death smrt f.
debt dluh m.
December   prosinec   [pro-si-nets] m.
decent slušný/á [slush-nee],
a decent meal   pořádné jídlo
[po-rzhád-né yeed-lo]
decide rozhodnout /se/ [roz-hod-nowt], **you have to decide**
musíte se rozhodnout [mu-see-te se roz-hod-nowt], **it's not**

decided yet není to ještě rozhodnuto [ne-nyee to yesh-tye roz-hod-nu-to]
decision rozhodnutí [roz-hod-nu-tyee] n.
deck paluba f.
declare prohlásit, proclít [pro-tsleet], **I have nothing to declare** nemám nic k proclení [ne-mám nyits kpro-tsle-nyee]
decoration vyznamenání [vi-zna-me-ná-nyee] n., **room decoration** výzdoba [veez-do-ba] f.
deduct odečíst [o-de-cheest]
deep hluboký/á [hlu-bo-kee]
defend bránit [brá-nyit]
definitely rozhodně [roz-hod-nye], určitě [ur-chi-tye], **definitely not** v žádném případě [vzhá-dném przhee-pa-dye]
degree /akademický/ diplom m., stupeň m.
delay odložit [od-lo-zhit], zdržet /se/ [zdr-zhet], **the train was delayed** vlak měl zpoždění [zpozh-dye-nyee]
delicate jemný/á [yem-nee]
delicatessen lahůdky [la-hoot-ki] pl.
delicious lahodný/á [la-hod-nee], **it's delicious** to je výborné /jídlo/ [to ye vee-bor-né yeed-lo]
deliver doručit [do-ru-chit], **deliver it to Mr.** ... doručte to panu ... [do-ruch-te]
delivery doručení [do-ru-che-nyee] n., **special delivery, please** expres, prosím [ex-pres pro-seem]
demand žádat [zhá-dat]
dental zubní [zub-nyee]
dentist zubař [zu-barzh] m.
deny popřít [pop-rzheet], **I don't deny it** nezapírám to [ne-za-pee-rám]
deodorant deodorant m.
department oddělení [od-dye-le-nyee] n.
department store obchodní dům [ob-khod-nyee doom] m.

departure odjezd [od-yest] m.
depend záviset, spoléhat /se/, **it depends on you** to závisí na vás
deposit /in the bank/ vklad m., záloha f., **shall I pay any deposit?** budu platit nějakou zálohu? [bu-du pla-tyit nye-ya-kow zá-lo-hu]
depression deprese f., stlačení [stla-che-nyee] n.
depth hloubka [hlowp-ka] f.
description popis m.
desert poušť [powsht'] f.
design plán m., projekt [pro-yekt] m.
desk psací stůl [psa-tsee stool] m.
dessert moučník [mowch-nyeek] m., dezert m., **do you have any dessert?** máte nějaký moučník? [má-te nye-ya-kee mowch-nyeek]
destination cíl [tseel] m.
destiny osud m.
detergent mycí prostředek [mi-tsee pro-strzhe-dek], saponát
detour objížďka [ob-yeezhd'ka] f.
develop vyvinout [vi-vi-nowt], vyvolat /film/ [vi-vo-lat]
devil čert [chert] m.
dew rosa f.
diabetes cukrovka [tsuk-rof-ka]
diagram diagram [di-ya-gram] m.
dial vytočit /telefonní číslo/ [vi-to-chit te-le-fo-nyee chees-lo], **dial this number...** vytočte toto číslo...[vi-toch-te chees-lo]
dialect nářečí [ná-rzhe-chee] n., dialekt [di-ya-lekt] m.
diamond diamant [di-ya-mant] m.
diaper plenka f.
diarrhea průjem [proo-yem] m., **can you give me something for diarrhea?** můžete mi dát něco proti průjmu? [moo-zhe-te mi dát nye-tso pro-tyi prooy-mu]
diary deník [de-nyeek] m., kalendář [ka-len-dárzh] m.
dictionary slovník [slov-nyeek] m.

die umřít [um-rzheet]
diet strava [stra-va] f., dieta
[di-ye-ta] f., **I'm on a diet**
jsem na dietě [sem na di-ye-
tye]
difference rozdíl [roz-dyeel]
m., **what's the difference?**
jaký je v tom rozdíl? [ya-kee
ye ftom roz-dyeel]
different jiný/á [yi-nee], od-
lišný/á [od-lish-nee], **that's
different!** to je jiná! [to ye
yi-ná], **show me something dif-
ferent** ukažte mi něco jiného
[u-kash-te mi nye-tso yi-né-
ho], **he is different from...**
je odlišný od...[ye od-lish-
nee od]
difficult těžký/á [tyesh-kee],
obtížný/á [ob-tyeezh-nee]
dig kopat
digestion zažívání [za-zhee-vá-
nyee] n.
dill kopr m.
dining room jídelna [yee-del-
na] f.
dinner večeře [ve-che-rzhe] f.,
velký oběd [vel-kee o-byed],
what time do you serve dinner?
kdy podáváte večeři? [kdi po-
dá-vá-te ve-che-rzhi]
dip namočit [na-mo-chit]
direct přímý/á [przhee-mee],
řídit [rzhee-dyit], **a direct
flight** přímý let [przhee-
mee let]
direction směr [smnyer] m., **am
I going in the right direction
to...?** jdu správným směrem
na...? [du správ-neem smnye-
rem na]
director ředitel [rzhe-dyi-tel]
directory: telephone directory
telefonní seznam [te-le-fo-
nyee sez-nam]
dirty špinavý/á [shpi-na-vee]
disabled invalida m.
disagree nesouhlasit, **I
disagree** nesouhlasím [ne-sow-
hla-seem]
disappear zmizet, **it
disappeared** ztratilo se to

[stra-tyi-lo se to]
disappoint zklamat, **we were
disappointed** byli jsme zklamá-
ni [bi-li sme skla-má-nyi]
disaster neštěstí [nesh-tyes-
tyee] n., katastrofa f.
disconnect vypnout [vip-nowt],
přerušit [przhe-ru-shit], **the
line was disconnected** bylo
přerušeno spojení [bi-lo
przhe-ru-she-no spo-ye-nyee]
discount sleva f.
discover objevit [ob-ye-vit]
discussion debata f.
disease nemoc [ne-mots] f.
disgusting odporný/á [od-por-
nee], **it's disgusting** to je
odporné [to ye od-por-né]
dish jídlo [yeed-lo] n., mísa
[mee-sa] f.
disinfectant dezinfekční pro-
středek [de-zin-fek-chnyee
pro-strzhe- dek] m.
disposable na vyhození [na vi-
ho-ze-nyee]
distance vzdálenost f.
distribute rozdělit [roz-dye-
lit]
district okres m., obvod m.
disturb vyrušovat [vi-ru-sho-
vat], **do not disturb!** nevyru-
šujte! [ne-vi-ru-shuy-te]
dive potopit se, skákat do vody
[do vo-di]
diversion objížd'ka [ob-yeezhd-
ka] f.
divide rozdělit [roz-dye-lit]
divorce rozvod m., **I am
divorced** jsem rozvedený/á [sem
roz-ve-de-nee]
dizzy: I feel dizzy točí se mi
hlava [to-chee se mi hla-va]
do dělat [dye-lat], **how do you
do?** jak se máte? [yak se má-
te], **what do you do?** co
děláte? [tso dye-lá-te], **that
will do** to postačí [to pos-ta-
chee], **do me a favor** udělejte
mi laskavost [u-dye-ley-te mi
las-ka-vost], **what are you
doing tomorrow?** co děláte zít-
ra? [tso dye-lá-te zeet-ra]

doctor 20 **dynamo**

doctor doktor m., lékař [lé-karzh] m., **call a doctor!** zavolejte doktora! [za-vo-ley-te dok-to-ra]
document dokument m., doklad m. **a travel document** cestovní pas [tses-tov-nyee pas]
dog pes m.
doll loutka f., panenka f.
dollar dolar m.
donkey osel m.
door dveře [dve-rzhe], **open the door** otevřete [o-te-vrzhe-te], **close the door** zavřete [za-vrzhe-te], **next door** vedle
doorman vrátný [vrát-nee] m.
dose dávka f.
double dvojí [dvo-yee], **double bed** manželská postel [man-zhel-ská pos-tel], **double room** dvojlůžkový pokoj [dvoy-loozh-ko-vee po-koy]
doubt pochybovat [po-khi-bo-vat], **without any doubt** bez-pochyby [bez-po-khi-bi], I **doubt it** pochybuji [po-khi-bu-yi]
dough těsto [tyes-to] n.
doughnut kobliha f.
down dole, dolů [do-loo], **up and down** nahoru a dolů, **upside down** vzhůru nohama [zhoo-ru], **get down!** slezte!, **go down the road** jděte ulicí dolů [dye-te u-li-tsee do-loo]
downstairs dole
dozen tucet [tu-tset] m.
draught průvan [proo-van] m.
draw kreslit, táhnout [táh-nowt], **to draw the money** vyzvednout si peníze [vi-zved-nowt si pe-nyee-ze]
drawer zásuvka f.
dreadful hrozný/á [hroz-nee]
dream sen m.
dress šaty [sha-ti] pl., obléci se [ob-lé-tsi], **get dressed!** oblečte se! [ob-lech-te se]
dressing gown župan [zhu-pan]m.
drink pít [peet], nápoj [ná-poy] m., **I need a drink** potře-buji se napít [po-trzhe-bu-yi

se na-peet], **soft drinks** nealkoholické nápoje [ne-al-ko-ho-lits-ké ná-po-ye], **would you like a drink?** chcete se napít? [khtse-te se na-peet]
drive řídit (auto) [rzhee-dyit], **can you drive?** můžete řídit? [moo-zhe-te rzhee-dyit] **let's go for a drive** pojď'me se projet [pod'-me se pro-yet]
driver řidič [rzhi-dyich] m., šofér [sho-fér] m.
driver's license řidičský průkaz [rzhi-dyich-skee proo-kas] m.
drop kapka f., upustit, **he dropped it** upustil to [u-pus-tyil], **just a drop** jenom kapku [ye-nom kap-ku]
drown utopit se [u-to-pit]
drug lék m., droga f.
drug-store drogerie [dro-ge-ri-ye] f.
drum buben m.
drunk opilý/á [o-pi-lee]
dry suchý/á [su-khee], sušit [su-shit]
dry-clean čistit [chis-tyit], **I need this to be dry-cleaned** potře-buji to dát vyčistit [po-trzhe-bu-yi to dát vi-chis-tyit]
dry-cleaners chemická čistírna [khe-mits-ká chis-tyeer-na] f.
duck kachna [kakh-na] f., **roasted duck** pečená kachna [pe-che-ná kakh-na]
due: when is the flight No... due? kdy přiletí letadlo z ..? [kdi przhi-le-tyee le-tad-lo]
dull nudný/á [nud-nee]
dumb němý/á [nye-mee]
dumpling knedlík [kned-leek] m.
during během [bye-hem], za
dust prach [prakh] m.
duty povinnost f., clo [tslo] n., **that's my duty** to je má povinnost [to ye má po-vi-nost], **duty-free goods** bezcelní zboží [bez-tsel-nyee zbo-zhee]
dye barva f., barvit
dynamo dynamo n.

E

each každý/á [kazh-dee], **one of each** od každého jedno [od kazh-dé-ho yed-no], **each of us** každý z nás [kazh-dee z nás], **each time** pokaždé [po-kazh-dé]
ear ucho [u-kho] n.
earache bolest v uchu [fu-khu]
early brzo [br-zo], časně [chas-nye], **get up early!** vstaňte brzo!, **early in the morning** časně ráno [chas-nye] **an hour earlier** o hodinu dříve [o ho-dyi-nu drzhee-ve]
earn vydělat si [vi-dye-lat], **she earns a lot of money** vydělává hodně peněz [vi-dye-lá-vá hod-nye pe-nyes]
earring náušnice [ná-ush-nyi-tse] f.
earth země [ze-mnye] f., hlína [hlee-na] f.
earthquake zemětřesení [ze-mne-trzhe-se-nyee] n.
east východ [vee-khot] m., **to the east** na východ
Easter velikonoce [ve-li-ko-no-tse]
easy snadný/á [snad-nee], lehce [leh-tse], **it's easy** to je leh- ké [to ye leh-ké]
eat jíst [yeest], **can I get something to eat?** mohu dostat něco k jídlu? [mo-hu dos-tat nye-tso kyeed-lu]
edible jedlý/á [yed-lee]
education výchova [vee-kho-va] f., vzdělání [vzdye-lá-nyee] n.
efficient účinný/á [oo-chi-nee]
egg vejce [vey-tse] n., **boiled/fried/scrambled eggs** vařená/smažená/míchaná vejce [va-rzhe-ná/sma-zhe-ná/mee-kha-ná]
either: either...or... buď'... anebo..., **either of you** jeden z vás [ye-den zvás]
elastic guma f., pružný/á [pruzh-nee]

elbow loket m.
election volby [vol-bi] pl.
electric elektrický/á [e-lek-trits-kee]
electricity elektřina [e-lek-trzhi-na] f.
elegant elegantní [e-le-gant-nyee]
elephant slon m.
elevator výtah [vee-tah] m.
else jiný/á [yi-nee], jinak [yi-nak], **what else?** co jiného? [tso yi-né-ho], **no one else** nikdo jiný [nyi-kdo yi-nee], **somewhere else** někde jinde [nye-kde yin-de]
embarrass uvést do rozpaků [ros-pa-koo], **you embarrassed me** uvedl jste mne do rozpaků [u-ve-dl ste mne do ros-pa-koo], **that's embarrassing to** je trapné [to ye trap-né]
embassy vyslanectví [vi-sla-nets-tvee] n.
emergency naléhavý případ [na-lé-ha-vee przhee-pat]
emigrate vystěhovat se [vi-stye-ho-vat]
emotion cit [tsit] m.
employ zaměstnat [za-mnyest-nat]
empty prázdný/á [prázd-nee]
end konec [ko-nets] m., **in the end** konečně [ko-nech-nye], **what time does it end?** v kolik hodin to končí? [to kon-chee]
enemy nepřítel [ne-przhee-tel]
energetic energický/á [e-ner-gits-kee]
engaged obsazený/á [ob-sa-ze-nee], zasnoubený/á [zas-now-be-nee], **the line is engaged** linka je obsazena [ye ob-sa-ze-na], **we are engaged** jsme zasnoubeni [sme za-snow-be-nyi]
engine motor m.

England Anglie [an-gli-ye] f.
English anglický [an-glits-kee] adj., **do you speak English?** mluvíte anglicky? [mlu-vee-te an-glits-ki], **I'm English** jsem Angličan/ka [sem an-gli-chan]
Englishman Angličan [an-gli-chan] m.
Englishwoman Angličanka [an-gli-chan-ka] f.
enjoy těšit se [tye-shit], **enjoy it!** bavte se! [baf-te]
enlarge zvětšit [zvyet-shit]
enormous ohromný/á [o-hrom-nee]
enough dost, **that's enough** to je dost [to ye dost], **I had enough to do** měl/a jsem dost práce [mnyel sem dost prá-tse]
enter vstoupit [fstow-pit]
entertainment zábava f.
entire celý/á [tse-lee]
entrance vchod [fkhot] m.,
envelope obálka f.
envy závidět [zá-vi-dyet]
equal stejný/á [stey-nee]
equipment vybavení [vi-ba-ve-nyee] n.
erase vymazat [vi-ma-zat]
eraser guma f.
error chyba [khi-ba] f., omyl [o-mil] m.
escape utéci [u-té-tsi]
especially obzvláště [ob-zvlásh-tye]
essential podstatný/á [pod-stat-nee], **it's not essential** to není podstatné [to ne-nyee pod-stat-né]
estate majetek [ma-ye-tek] m.
estate agency realitní kancelář [re-a-lit-nyee kan-tse-lárzh]
estimate odhad m.
Europe Evropa [ev-ro-pa] f.
European evropský/á [ev-rop-skee] adj., Evropan/ka m., f.
even rovný/á [rov-nee], dokonce [do-kon-tse], **now we are even** ted' jsme si rovni [ted' sme si rov-nyi], **not even you** dokonce ani ty/vy [anyi ti/vi], **even number** sudé číslo [su-dé

chees-lo]
evening večer [ve-cher] m., **in the evening** večer, **good evening** dobrý večer [dob-ree ve-cher], **evening dress** večerní úbor [ve-cher-nyee oo-bor]
event událost f.
eventually konečně [ko-nech-nye]
ever vždy [vzhdi], někdy [nye-kdi], **for ever** navždy
every každý/á [kazh-dee], **every morning** každé ráno, **every year** každý rok [kazh-dee rok]
everybody každý/á [kazh-dee]
everything všechno [fshekh-no]
everywhere všude [fshu-de]
evidence důkaz [doo-kas] m.
evil zlý/á [zlee]
exactly přesně [przhes-nye]
exam zkouška [skow-shka] f.
example příklad [przhee-klat] m., **for example** například
excellent výborný/á [vee-bor-nee], **excellent!** výborně! [vee-bor-nye]
except kromě [kro-mnye]
excess baggage nadváha f.
exchange vyměnit [vi-mnye-nyit]
exchange rate devizový kurs [de-vi-zo-vee], **what's the exchange rate...?** jaký je kurs...? [ya-kee ye kurs]
excite rozčílit [ros-chee-lit], **don't be excited** nerozčilujte se [ne-ros-chi-luy-te se], **it was exciting** bylo to vzrušující [bi-lo to vzru-shu-yee-tsee]
excursion výlet [vee-let] m.
excuse omluvit, **excuse me** promiňte [pro-min'-te]
exercise cvičit [tsvi-chit]
exhaust výfuk [vee-fuk] m.
exhausted: I'm exhausted jsem vyčerpaný/á [sem vi-cher-pa-nee]
exhibition výstava [vees-ta-va]
exit východ [vee-khot] m.
expect očekávat [o-che-ká-vat]
expensive drahý/á [dra-hee]

experience zkušenost [sku-she-nost] f.
expert odborník [od-bor-nyeek] m., zkušený/á [sku-she-nee]
expire vypršet [vi-pr-shet], **your visa is expired** máte prošlé vízum [má-te prosh-lé vee-zum]
explain vysvětlit [vi-svyet-lit], **I would like to explain to you ...** rád/a bych vám vysvětlil/a...[rád bikh vám vi-svyet-lil]
export vývoz [vee-vos] m., vyvážet [vi-vá-zhet]
express rychlý/á [rikh-lee], expres, **express train** rychlík

[rikh-leek], **express delivery** spěšné dodání [spyesh-né dodá-nyee], **to express oneself** vyjádřit se [vi-yád-rzhit se]
extra dodatečný/á [do-da-technee], **can I get an extra plate?** mohu dostat ještě jeden talíř? [yesh-tye ye-den taleerzh]
extraordinary mimořádný/á [mimo-rzhád-nee]
eye oko n., **to keep an eye on it** pohlídat to [po-hlee-dat]
eyebrow obočí [o-bo-chee] n.
eye drops kapky do očí [kap-ki do o-chee]
eyelash řasa [rzha-sa] f.

F

face obličej [ob-li-chey] m., tvář [tvárzh] f.
fact skutečnost [sku-tech-nost] f., fakt m.
factory továrna f.
failure neúspěch [ne-oos-pyekh] m., úpadek [oo-pa-dek] m.
faint omdlít [om-dleet]
fair pěkný/á [pyek-nee], **fair hair** světlé vlasy [svyet-lé vla-si], **it's not fair** to je nespravedlivé [to ye ne-spraved-li-vé]
fairy-tale pohádka f.
faithful věrný/á [vyer-nee]
fake padělek [pa-dye-lek] m.
fall padat, **she fell down** upadla, **to fall in love** zamilovat se, **in the fall** napodzim [na-pod-zim]
false falešný/á [fa-lesh-nee]
family rodina [ro-dyi-na] f.
famous slavný/á [slav-nee]
fan ventilátor m.
fantastic fantastický/á [fantas-tits-kee]
far daleko, **it's too far** to je moc daleko [mots da-le-ko], **how far is it?** jak je to daleko? [yak ye to da-le-ko]

fare jízdné [yeez-dné] n.
farewell sbohem! [sbo-hem]
farm statek m., farma f.
farther dále
fashion móda f.
fashionable moderní [mo-der-nyee]
fast rychlý/á [rikh-lee], **go fast!** jděte rychle! [dye-te rikh-le]
fat tuk m., **fat (person)** tlustý/á [tlus-tee], **fat (meat)** tučný/á [tuch-nee]
fate osud m.
father otec [o-tets] m., **my father** můj otec [mooy o-tets]
father-in-law tchán [tkhán] m.
fatigue únava [oo-na-va] f.
fault chyba [khi-ba] f., vina f., **it's not my fault** není to mou vinou [ne-nyee to mow vi-now]
faulty vadný/á [vad-nee]
favor laskavost f., **do me a favor** prokažte mi laskavost [pro-kash-te mi las-ka-vost], **in favor of...** ve prospěch... [pros-pyekh]
favorite oblíbený/á [ob-lee-be-nee], **that's my favorite meal**

to je mě oblíbené jídlo [to ye mé ob-lee-be-né yeed-lo]
fear strach [strakh] m.
feather peří [pe-rzhee] n.
February únor [oo-nor] m.
fee poplatek m.
feed krmit [kr-mit], **I'm fed up** mám toho dost, jsem otrávený/á [sem o-trá-ve-nee]
feeding-bottle láhev pro kojence [lá-hef pro ko-yen-tse]
feel cítit [tsee-tyit], **I'm not feeling well** není mi dobře [ne-nyee mi dob-rzhe], **he's feeling better** je mu lepší [ye mu lep-shee], **I don't feel like it** to se mi nechce [nekh-tse], **I feel for her** mám s ní soucit [sow-tsit]
female žena [zhe-na] f.
fence plot m.
ferry přívoz [przhe-vos] m., **is there any ferry?** je tu někde přívoz? [ye tu nye-kde [przhee-vos]
fetch přinést [przhi-nést], **go and fetch it** doneste si to
fever horečka [ho-rech-ka] f.
few málo, několik [nye-ko-lik], **only a few** jenom několik [ye-nom nye-ko-lik]
fiancé snoubenec [snow-be-nets] m., **my fiancé** můj snoubenec [mooy snow-be-nets]
fiancée snoubenka [snow-ben-ka] f., **my fiancée** má snoubenka [má snow-ben-ka]
field pole n.
fight bojovat [bo-yo-vat], rvát se, zápas m.
figure postava f.(person), číslice [chees-li-tse] f.(number)
fill naplnit [na-pl-nyit], **fill up my glass please** nalijte mi, prosím [na-liy-te mi pro-seem]
fill in vyplnit [vi-pl-nyit]
filling: tooth filling plomba f., **meat filling** nádivka [ná-dyif-ka] f.
film film m.
filthy špinavý/á [shpi-na-vee]
find najít [na-yeet], nalézt,

I have found out... objevil/a jsem [ob-ye-vil sem], **can you find it?** můžete to najít? [moo-zhe-te to na-yeet]
fine pěkný/á [pyek-nee], **I'm fine** mám se dobře [dob-rzhe], **the weather is fine** je pěkné počasí [ye pyek-né po-cha-see], **the fine is 100 crowns** pokuta je sto korun [po-ku-ta ye sto ko-run]
finger prst m.
finish dokončit [do-kon-chit], **I couldn't finish it** nemohl/a jsem to dodělat [ne-mo-hl sem to do-dye-lat], **finish your meal** dojezte to [do-yes-te], **finish your drink** dopijte to [do-piy-te], **it's finished** je konec [ye ko-nets]
Finland Finsko
fire oheň m., požár [po-zhár] m., **fire!!!** hoří!!! [ho-rzhee] **to make a fire** rozdělat oheň [roz-dye-lat o-hen'], **to set fire** zapálit
fire alarm požární poplach [po-zhár-nyee pop-lakh]
fireman hasič [ha-sich] m.
fireworks ohňostroj [oh-nyo-stroy] m.
firm firma f., podnik [pod-nyik] m.,pevný/á, **a firm hand** pevná ruka [pev-ná ru-ka]
first první [prv-nyee], **at first** nejdříve [ney-drzhee-ve] **the first time** prvně [prv-nye] **I'm the first one** já jsem první [yá sem prv-nyee]
first aid první pomoc [prv-nyee po-mots]
first name křestní jméno [krzhest-nyee mé-no]
fish ryba [ri-ba] f.
fisherman rybář [ri-bárzh] m.
fist pěst [pyest] f.
fit: he/she is fit má dobré zdraví, je ve formě [ye ve for-mnye], **it fits very well** to sedí velmi dobře [se-dyee dob-rzhe]
fix: I can fix it to mohu

opravit/zařídit [o-pra-vit/
za-rzhee-dyit], **can I fix you
a drink?** mohu vám dát něco na-
pít? [nye-tso na-peet]
flag prapor m., vlajka [vlay-ka]
flash záblesk m.
flashlight baterka f.
flat plochý/á [plo-khee], byt
m., **the battery is flat**
baterie je vybitá [ba-te-ri-ye
ye vi-bi-tá], **a flat tire**
píchlá pneumatika [peekh-lá
pneu-ma-ti-ka], **I have a flat
in town** mám byt ve městě [bit
ve mnyes-tye]
flavor chut' [khut'] f.
flea blecha [ble-kha] f.
flexible ohebný/á [o-heb-nee],
my schedule is flexible můj
rozvrh se dá přizpůsobit [mooy
roz-vrh se dá przhi-spoo-so-
bit]
flight let m., **this flight is
full** tento let je plný [let ye
pl-nee]
flood záplava f.
floor podlaha f., poschodí [po-
skho-dyee] n., **we can sit on
the floor** můžeme sedět na
podlaze [moo-zhe-me se-dyet
na pod-la-ze], **go to the
first/second floor** jděte do
prvního/druhého patra [dye-te
do prv-nyee-ho/dru-hé-ho pat-
ra]
florist's květinářství [kvye-
tyi-nárzh-stvee] n.
flour mouka [mow-ka] f.
flower květina [kvye-tyi-na] f.
flu chřipka [khrzhi-pka] f.
fluent plynný/á [pli-nee], **you
speak fluent English** mluvíte
plynně anglicky [mlu-vee-te
pli-nye an-glits-ki]
fly létat, (insect) moucha
[mow-kha] f., **do you like to
fly?** létáte rád/a?
fog mlha [ml-ha] f.
folk-song národní/lidová píseň
[ná-rod-nyee/li-do-vá pee-
sen']
follow následovat, **follow me**

pojd'te za mnou [pod'-te za
mnow]
food jídlo [yeed-lo] n., **that
was very good food** bylo to
velmi dobré jídlo [bi-lo to
dob-ré yeed-lo], **food store**
obchod s potravinami [ob-khot
spo-tra-vi-na-mi]
fool hlupák m., blázen m., **don't
be a fool** nebud' blázen
foot noha f., **on foot** pěšky
[pyesh-ki]
football kopaná f.
footstep krok m.
for pro, za, **this is for you**
to je pro vás [to ye pro vás],
for sale na prodej [na pro-
dey], **what for?** proč? [proch],
I need a room for a week chci
pokoj na jeden týden [khtsi
po-koy na ye-den tee-den]
forbid zakázat
force síla [see-la] f., **by
force** násilím [ná-si-leem]
forehead čelo n.
foreign cizí [tsi-zee], **foreign
currency** cizí valuty/devizy
foreigner cizinec [tsi-zi-nets]
m., cizinka [tsi-zin-ka] f.
forest les m.
forever navždy [na-vzhdi]
forget zapomenout [za-po-me-
nowt], **don't forget** nezapomeň-
te, **sorry, I forgot** lituji,
zapoměl/a jsem [li-tu-yi za-
po-mnyel sem]
forgive odpustit, **can you
forgive me?** můžete mi
odpustit? [moo-zhe-te mi od-
pus-tyit]
fork vidlička [vid-lich-ka] f.
form forma f., formulář [for-
mu-lárzh]
formal formální [for-mál-nyee]
fortunately naštěstí [na-shtye-
styee]
fortune štěstí [shtye-styee] n.
to make a fortune zbohatnout
[zbo-hat-nowt]
forward kupředu [ku-przhe-du],
I'm looking forward to seeing you
těším se, že vás uvidím [tye-

sheem se zhe vás u-vi-dyeem],
**forward my mail to this
address** posílejte mou poštu
na tuto adresu [po-see-ley-te
mow posh-tu]
fountain fontána f., kašna
[kash-na] f.
fragile křehký/á [krzheh-kee],
slabý/á [sla-bee]
frame rám m.
France Francie [fran-tsi-ye] f.
frank upřímný/á [u-przhim-nee]
fraud podvod m.
free volný/á [vol-nee], svobod-
ný/á [svo-bod-nee], **free of
charge** bezplatný/á [bez-plat-
nee]
freedom svoboda f.
freeze mrznout [mrz-nowt], mra-
zit, **freezer** mrazák m., **frozen
food** mražené potraviny [mra-
zhe-né po-tra-vi-ni]
French francouzský/á [fran-
tsow- skee], **I speak French**
mluvím francouzsky [mlu-veem
fran-tsow-ski]
French fries smažené brambůrky
[sma-zhe-né bram-boor-ki]
frequent častý/á [chas-tee]
fresh čerstvý/á [cherst-vee],
fresh fruit čerstvé ovoce
[cherst-vé o-vo-tse], **fresh
air** svěží vzduch [svye-zhee
vzdukh]
Friday pátek m.
fridge lednice [led-nyi-tse] f.
fried smažený/á [sma-zhe-nee]
friend přítel [przhee-tel] m.,
přítelkyně [przhee-tel-ki-
nye] f., **that's my friend
John** to je můj přítel Jan [to
ye mooy przhee-tel Yan]
friendly přátelský/á [przhá-
tel-skee], **she was very
friendly** byla velmi přátelská
[bi-la vel-mi przhá-tel-ská]
frighten poděsit [po-dye-sit],
I was frightened měl/a jsem
strach [mnyel sem strakh]
frog žába [zhá-ba] f.
from od, z, **are you from
Prague?** jste z Prahy? [ste

spra-hi], **I'm from New York**
jsem z New Yorku [sem znyu-
yor- ku], **from him/her** od
něho/ní [od nye-ho/nyee],
from far zdálky [zdál-ki]
front čelo [che-lo] n., **in
front of...** před [przhet]
frost mráz m.
fruit ovoce [o-vo-tse] n.
fruit juice ovocná šťáva
[o-vots-ná shtyá-va] f.
frustrating bezmocný/á [bez-
mots-nee]
fry smažit [sma-zhit], **fried
steak** smažený řízek [sma-zhe-
nee rzhee-zek]
frying-pan pánev f., pekáč
[pe-kách] m.
full plný/á [pl-nee], **thank
you, I'm full** děkuji, ale mám
dost [dye-ku-yi mám dost],
in full úplně [oo-pl-nye]
full-board plná penze
fun zábava f., legrace f.,
it was fun to byla legrace [to
bi-la le-gra-tse], **have fun**
bavte se [baf-te se]
fund fond m.
funeral pohřeb [poh-rzhep] m.
funny legrační [leg-grach-nyee]
směšný/á [smnyesh-nee], **I feel
funny** cítím se divně [tsee-
tyeem se dyiv-nye]
fur kožišina [ko-zhi-shi-na] f.
furious vzteklý/á [ztek-lee]
furniture nábytek [ná-bi-tek]
m., **office furniture** kancelář-
ský nábytek [kan-tse-lárzh-
skee ná-bi-tek]
further dále, **go little bit
further** jděte trochu dále
[dye-te tro-khu dá-le],
furthermore kromě toho
fuse pojistka [po-yist-ka] f.
fuss povyk [po-vik] m., **don't
make too much fuss** nedělej/te
rozruch [ne-dye-ley roz-rukh]
future budoucnost [bu-dowts-
nost] f., **in the future** příště
[przhee-shtye], **my future hus-
band** můj budoucí manžel [mooy
bu-dow-tsee man-zhel]

G

gain získat [zees-kat]
gallon galon m.
gamble hrát o peníze [hrát o pe-nyee-ze], riskovat
game hra f.,   (meat) zvěřina [zvye-rzhi-na]
garage garáž [ga-rázh] f., auto-opravna f.
garbage smetí [sme-tyee] n., odpadky [ot-pat-ki] pl.
garden zahrada f.
gargle kloktadlo n.
garlic česnek [ches-nek] m.
gas plyn [plin] m.,   benzín [ben-zeen] m.,   **gas station** benzínová pumpa [ben-zee-no-vá pum-pa], **gas tank** benzínová nádrž [ná-drzh]
gate brána f., vchod [vkhot]m.
gay veselý/á [ve-se-lee], homosexuál
gear rychlost /u auta/ [rikh-lost] f., **gear shift** rychlostní páka [rikh-lost-nyee pá-ka]
general všeobecný/á [fshe-o-bets-nee], generální
generous štědrý/á [shtyed-ree], **that's really generous of you** to je od vás velice laskavé [to ye ve-li-tse las-ka-vé]
gentle mírný/á [meer-nee]
gentleman pán m., **he is a real gentleman** to je opravdový džentlmen [to ye o-prav-do-vee dzhen-tl-men], **that gentleman is waiting for you** ten pán na vás čeká [pán na vás che-ká]
genuine pravý/á [pra-vee], původní [poo-vod-nyee]
German německý/á [nye-mets-kee] Němec [nye-mets] m.,   Němka [nyem-ka] f., **I don't speak German** nemluvím německy [ne-mlu-veem nye-mets-ki]
German measles zarděnky [zar-dyen-ki] pl.
Germany Německo [nye-mets-ko]n.

get dostat, **can I get you anything?** mohu vám něco přinést? [nye-tso przhi-nést], **how can we get there?** jak se tam dostaneme? [yak..dos-ta-ne-me] **where can I get...?** kde mohu dostat...?, **have you got...?** máte..?, **get in** nastoupit [na-stow-pit], **get off** vystoupit [vi-stow-pit],   **get out!** odejděte! [o-dey-dye-te], I **have to get up** musím vstát [mu-seem vstát], **we get along very well** vycházíme spolu velmi dobře [vi-khá-zee-me spo-lu vel-mi dob-rzhe]
gherkin kyselá okurka [ki-se-lá o-kur-ka] f.
ghost duch [dukh] m.
gift dar m., **that's a lovely gift!** to je krásný dárek! [to ye krás-nee dá-rek]
ginger zázvor m.
gingerbread perník [per-nyeek]
Gypsy cikán/ka [tsi-kán/tsi-kán-ka] m., f.
girl dívka [dyeef-ka] f., děvče [dyef-che] n., **my girlfriend..** má přítelkyně.. [przhee-tel-ki-nye]
give dát, podat,   **give me...** dejte/podejte mi [dey-te/po-dey-te],   **I gave it to you** dal/a jsem vám to [dal sem..], **give up** vzdát se
glad rád/a, **I'm glad to see you** jsem rád/a, že vás vidím [sem rád zhe vás vi-dyeem]
gland žláza [zhlá-za] f.
glass sklo n., sklenice [skle-nyi-tse] f., **cut glass** broušené sklo [brow-she-né sklo], **glass of water** sklenice vody [skle-nyi-tse vo-di]
glasses brýle [bree-le] pl.
glory sláva f.,
glove rukavice [ru-ka-vi-tse] f., **gloves** rukavice pl.

glue lepidlo n.
go jít [yeet], jet [yet], cestovat [tses-to-vat], **where are you going?** kam jdete? [de-te], **I want to go to ..** chci jít na/do.. [khtsi yeet..], **we'll go by train/bus** pojedeme vlakem/autobusem [po-ye-de-me] **he/she went there last week** šel/šla tam minulý týden [shel /shla tam mi-nu-lee tee-den], **are you going out tonight?** jdete někam dnes večer? [de-te nye-kam dnes ve-cher], **go on** pokračujte [po-kra-chuy-te]
goal gól m., cíl [tseel] m.
goat koza f.
god bůh [bookh] m.
gold zlato n.
good dobrý/á [dob-ree], **good! dobře!** [dob-rzhe], **that's very good** to je velmi dobré [to ye vel-mi dob-ré], **have a good time** mějte se hezky [mnyey-te se hes-ki]
good-bye sbohem
goods zboží [zbo-zhee] n.
goose husa f.
gooseberry angrešt [an-gresht]
gorgeous nádherný/á [nád-her-nee]
gossip klep m.
goulash guláš [gu-lásh] m.
government vláda f.
gown plášt' [plásht'] m., župan [zhu-pan] m.
grade stupeň [stu-pen'] m.
gradually postupně [pos-tup-nye]
graduation promoce f.
grain obilí [o-bi-lee] n.
gram gram m.
grandchildren vnoučata [vnow-cha-ta] pl.
granddaughter vnučka [vnuch-ka] f.
grandfather dědeček [dye-de-chek] m.
grandmother babička [ba-bich-ka] f.
grandson vnuk m.
grapefruit grapefruit [grep-

frut] m.,
grapes hroznové víno [hroz-no-vé vee-no] n.
grass tráva f.
grateful vděčný/á [vdyech-nee], **I'm very grateful to you** jsem vám velmi vděčný/á [sem vám vdyech-nee]
grave hrob [hrop] m., **graveyard** hřbitov [rzhbi-tof] m.
gravy omáčka [o-mách-ka] f.
gray šedivý/á [she-dyi-vee]
grease tuk m., mazadlo n.
greasy mastný/á [mast-nee], **this is too greasy** to je moc mastné [to ye mots mast-né]
great velký/á [vel-kee], **that's great!** to je vynikající! [to ye vi-nyi-ka-yee-tsee]
Great Britain Velká Británie [vel-ká bri-tá-ni-ye] f.
Greece Řecko [rzhe-tsko] n.
greedy chamtivý/á [kham-tyi-vee]
green zelený/á [ze-le-nee]
greengrocer zelinář [ze-li-nárzh] m.
greeting pozdrav [poz-draf] m. **many greetings to...** pozdravujte ... [poz-dra-vuy-te]
grilled na roštu [rosh-tu]
grocery obchod s potravinami [ob-khot spo-tra-vi-na-mi]
ground země [ze-mnye] f., **on the ground** na zemi
ground floor přízemí [przhee-ze-mee] n.
group skupina f., **group leader** vedoucí skupiny [ve-dow-tsee sku-pi-ni]
grow růst [roost]
guarantee záruka f., **is there any guarantee?** je na to nějaká záruka? [ye na to nye-ya-ká zá-ru-ka]
guard stráž [strásh] f.
guardian poručník [po-ruch-nyeek] m.
guess hádat
guest host m.
guesthouse penzión [pen-zi-yón]
guide průvodce [proo-vot-tse]

guilty vinný/á [vi-nee],
not guilty nevinný/á

gum guma f., dáseň f.
gun puška [push-ka]f., zbraň f.

H

hair vlasy [vla-si] pl.
haircut: just a haircut please
prosím jen ostříhat [pro-seem
yen os-trzhee-hat]
hairdresser kadeřník/ce [ka-
derzh-nyeek/tse] m., f.
hair spray lak na vlasy
half polovina f., half a kilo/
liter půl kila/litru [pool],
half an hour půl hodiny [pool
ho-dyi-ni], to cut in half
rozpůlit [ros-poo-lit]
hall sál m., hala f.
ham šunka [shun-ka] f.,
Prague's ham pražská šunka
[prash-ská shun-ka]
hamburger hamburger, karbanátek
hammer kladivo [kla-dyi-vo] n.
hand ruka f., give me your hand
dejte mi ruku [dey-te mi ru-
ku]
handbag kabelka f.
handbrake ruční brzda [ruch-
nyee brz-da] f.
handicap nevýhoda [ne-vee-ho-
da] f.
handkerchief kapesník [ka-pes-
nyeek] m.
handle rukojet' [ru-ko-yet'] f.
I will handle it já to zařídím
[yá to za-rzhee-dyeem]
hang pověsit [po-vye-sit]
hanger věšák [vye-shák] m.
happen stát se, what happened?
co se stalo? [tso se sta-lo]
happy šťastný/á [shtyast-nee],
I'm not happy with it nejsem
s tím spokojen/a [ney-sem spo-
ko-yen]
harbor přístav [przhee-staf] m.
hard tvrdý/á [tvr-dee], těžký/á
[tyesh-kee], that's hard to je
těžké [to ye tyesh-ké], hard-
boiled eggs natvrdo vařená
vejce [na-tvr-do va-rzhe-ná

vey-tse]
hardly sotva
hardware store železářství
[zhe-le-zárzh-stvee] n.
hare zajíc [za-yeets] m.
harm škoda [shko-da] f.,
no harm žádná škoda [zhád-
ná shko-da]
hat klobouk [klo-bowk] m.
hate nenávidět [ne-ná-vi-dyet]
have mít [meet], I have... mám,
I don't have... nemám, we have
to leave musíme odejít [mu-
see-me o-de-yeet], do you
have...? máte...? can I
have..? mohu dostat...?
hay seno n., hay fever senná
rýma [se-ná ree-ma]
he on m., he is... (on) je...
[ye], he has... (on) má...
head hlava f., he's the head
of... je vedoucí... [ye ve-
dow-tsee]
headache bolení hlavy [bo-le-
nyee hla-vi], I have a head-
ache bolí mě hlava [bo-lee
mnye hla-va]
health zdraví [zdra-vee] n.,
to your health! na zdraví!
healthy zdravý/á [zdra-vee]
hear slyšet [sli-shet], poslou-
chat [po-slow-khat], I can
hear you very well slyším vás
velmi dobře [sli-sheem vás
dob-rzhe], I can't hear you
neslyším vás [ne-sli-sheem]
heart srdce [srt-tse] n.
heart attack infarkt, srdeční
záchvat [sr-dech-nyee zákh-
vat]
heat horko n., ohřát [oh-rzhát]
heating topení [to-pe-nyee] n.,
central heating ústřední tope-
ní [oos-trzhed-nyee]
heat stroke úpal [oo-pal] m.

heavy těžký/á [tyesh-kee],
that's heavy to je těžké [to
ye tyesh-ké], **he's heavy** je
silný [ye sil-nee]
heel (foot) pata f., (shoe)
podpatek [pod-pa-tek] m., **new
heels** nové podpatky [no-vé
pod-pat-ki]
height výška [veesh-ka] f.
hell peklo n.
hello nazdar!, haló!
help pomoc [po-mots] f., **help!**
pomoc!, **can you help me?** může-
te mi pomoci? [moo-zhe-te mi
po-mo-tsi], **sorry I can't help
you** bohužel vám nemohu pomoci
[bo-hu-zhel ne-mo-hu po-mo-
tsi], **help yourself** poslužte
si [po-slush-te]
hen slepice [sle-pi-tse] f.
her ji, jí [yee], **do you know
her?** znáte ji?, **I'll go with
her** půjdu s ní [poo-du snyee],
where is her room? kde je její
pokoj? [ye-yee po-koy]
herbs bylinky [bi-lin-ki] pl.
here dále, sem, **come here!** pojd'
/te sem! [pod'te sem], **I'm
here** jsem tady [sem ta-di]
hi! nazdar, ahoj [a-hoy]
hide schovat [skho-vat]
high vysoký/á [vi-so-kee]
high school gymnasium [gim-ná-
zi-yum], n. střední škola
[strzhed-nyee shko-la] f.
highway dálnice [dál-nyi-tse]f.
hike pěší túra [pye-shee too-
ra] f.
hill kopec [ko-pets] m., vrch
[vrkh] m., **down the hill**
s kopce [skop-tse], **up the
hill** do kopce [do kop-tse]
him ho, jemu [ye-mu], **I know
him** znám ho, **give it to him**
dejte mu to [dey-te mu to],
that's for him to je pro něho
[to ye pro nye-ho], **go with
him** jděte s ním [dye-te
snyeem]
hint narážka [na-rásh-ka] f.,
I took a hint dovtípil/a jsem
se [dof-tyee-pil sem se]

hip bok m.
hire nájem [ná-yem] m., **I'll
hire a car** pronajmu si auto
[pro-nay-mu si aw-to]
his jeho [ye-ho], **that's his
room** [to ye ye-ho po-koy]
history historie [his-to-ri-ye]
f., dějiny [dye-yi-ni] pl.
hit uhodit [u-ho-dyit]
**hitch-hike :we have to hitch-
hike** musíme jet autostopem
[mu-see-me yet aw-to-sto-pem]
hobby záliba f., koníček [ko-
nyee-chek] m., **that's my hobby**
to je můj koníček [to ye mooy
ko-nyee-chek]
hold držet [dr-zhet], **hold it**
podržte to [po-drzh-te to]
hole díra [dyee-ra] f.
holiday svátek m., prázdniny
[prázd-nyi-ni] pl., **public
holidays** státní svátky [stát-
nyee svát-ki], **school holidays**
školní prázdniny [shkol-nyee
prázd-nyi-ni], **I'm here on
holiday** jsem tady na dovolené
[sem ta-di na do-vo-le-né]
holy svatý/á [sva-tee]
home domov m., dům [doom] m.,
at home doma, **this is my home**
to je můj dům [to ye mooy
doom], **I miss my home
(country)** stýská se mi po
domově [stees-ká .. do-mo-vye]
homemade domácí [do-má-tsee],
homemade bread domácí chléb
[do-má-tsee khlép]
homesick: she's/he's homesick
teskní po domově [tesk-nyee
po do-mo-vye]
homework domácí práce/úkol [do-
má-tsee prá-tse/oo-kol]
honest čestný/á [chest-nee],
poctivý/á [pots-tyi-vee]
honey med m., **look, honey**
podívej se, miláčku [po-dyee-
vey se mi-lách-ku]
honeymoon svatební cesta [sva-
teb-nyee tses-ta]
honor čest [chest] f., **in honor
of...** na počest..., **word of
honor** čestné slovo [chest-né]

hood kapota /auta/ f.
hope naděje [na-dye-ye] f.,
doufat [dow-fat],   **I hope
that...** doufám, že [dow-fám,
zhe]
horn klakson /auta/ [klak-son]
horrible hrozný/á [hroz-nee]
hors d'oeuvre předkrm [przhet-
krm] m.
horse kůň [koon'] m.
hose hadice [ha-dyi-tse] f.
hospital nemocnice   [ne-mots-
nyi-tse] f.
host hostitel [hos-tyi-tel] m.
hostel ubytovna [u-bi-tov-na]
f., **I'm looking for a hostel**
hledám nějakou ubytovnu [hle-
dám nye-ya-kow u-bi-tov-nu]
hostess hostitelka   [hos-tyi-
tel-ka] f., **you are a very
good hostess** jste výborná
hostitelka [ste   vee-bor-ná
hos-tyi-tel-ka]
hot horký/á [hor-kee], ostrý/á
[os-tree], **a hot   meal** teplé
jídlo [tep-lé yeed-lo], **it's
hot today** dnes je horko [ye
hor-ko], **is it sweet   or hot
pepper?**   je to sladká   nebo
ostrá paprika?,   **there is no
hot water** neteče horká voda
[ne-te-che hor-ká vo-da]
hotdog párek m.
hotel hotel m.
hour hodina [ho-dyi-na] f.,
two hours dvě hodiny [dvye ho-
dyi-ni]
house dům [doom] m., **that's my
house**   to je můj dům   [to ye
mooy   doom]
housewife domácí paní   [do-má-
tsee pa-nyee] f.
how jak [yak], **how much is it?**
kolik to stojí? [ko-lik to
sto-yee], **how many?**   kolik?
how far is it? jak je to dale-
ko? [yak ye to da-le-ko], **how
are you?** jak se máte?, **how do
you do?**   těší mne [tye-shee
mne], **how about a drink?** a co
takhle se napít? [tso tak-hle
se na-peet]

hug obejmout [o-bey-mowt]
huge obrovský/á [o-brof-skee]
human lidský/á [lid-skee]
humid vlhký/á [vlkh-kee]
humiliate ponížit [po-nyee-
zhit], **it's humiliating** to je
ponižující [to ye po-nyi-zhu-
yee-tsee]
humor humor m., nálada f.,
**she's got   a good   sense of
humor** má dobrý smysl pro humor
[dob-ree smi-sl pro hu-mor],
he's in good humor   má dobrou
náladu [do-brow ná-la-du]
hundred sto n.
Hungary Mad'arsko [ma-dyar-sko]
hungry hladový/á [hla-do-vee],
I'm hungry mám hlad, **he's not
hungry** nemá hlad
hunter lovec [lo-vets] m.
hurry: hurry up! pospěšte si!
[pos-pyesh-te si], **sorry, I'm
in a hurry**   lituji,   ale
pospíchám [li-tu-yi, pos-pee-
khám], **there is no hurry** není
žádný spěch [ne-nyee zhád-nee
spyekh]
hurt   poranit   [po-ra-nyit],
ublížit [u-blee-zhit], **does it
hurt?** bolí to?   [bo-lee to],
he's hurt me   ublížil mně [u-
blee-zhil mnye]
husband manžel [man-zhel] m.,
that's my husband   to je můj
manžel [to ye mooy man-zhel],
my husband's name is...   můj
muž se jmenuje [mooy muzh se
me-nu-ye]
hut bouda [bow-da] f.
hygienic zdravotní [zdra-vot-
nyee], hygienický/á [hi-gi-ye-
nits-kee], **hygienic conditions**
zdravotní podmínky [zdra-vot-
nyee pod-meen-ki]

I

I já [yá], **I am American** /já/
jsem Američan/Američanka [yá
sem a-me-ri-chan/a-me-ri-chan-
ka] m., f., **I'll do it**   já to
udělám [yá to u-dye-lám]
ice led m.,   **do you have ice?**
máte led?   **with ice**   s ledem
[sle-dem], **no ice** bez ledu
ice-cream zmrzlina [zmrz-li-na]
idea myšlenka [mish-len-ka] f.,
nápad m., **that's a good idea**
to je dobrý nápad [to ye dob-
ree ná-pat]
identity totožnost   [to-tozh-
nost] f.,   **identity papers**
osobní doklady [o-sob-nyee do-
kla-di]
if jestli   [yest-li],   kdyby
[kdi-bi]
ignition zapalování [za-pa-lo-
vá-nyee] n.
ignore nevšímat si   [nef-shee-
mat], **just ignore it!**   nevší-
mejte si toho! [nef-shee-mey-
te si]
ill nemocen/nemocna [ne-mo-tsen
/ne-mots-na] m., f.,   **I feel
ill** necítím se dobře [ne-tsee-
tyeem se dob-rzhe]
illegal ilegální   [i-le-gál-
nyee]
illness nemoc [ne-mots] f.
imagine představit si [przhet-
sta-vit]
imitation imitace [i-mi-ta-tse]
immediately ihned   [ih-net],
okamžitě [o-kam-zhi-tye]
immigrant přistěhovalec [przhi-
stye-ho-va-lets] m.
impatient netrpělivý/á [ne-tr-
pye-li-vee]
import dovoz m.
important   důležitý/á [doo-le-
zhi-tee], **that's not important**
to není důležité [to ne-nyee
doo-le-zhi-té],   **is it really
important?** je to opravdu důle-

žité? [ye to o-prav-du doo-le-
zhi-té]
impossible nemožný/á [ne-mozh-
nee], **that's impossible!**   to
není možné! [to ne-nyee mozh-
né]
improve zlepšit [zlep-shit]
in v, do, na, **in Europe** v Evro-
pě [f e-vro-pye], **in the house**
v domě [vdo-mnye],   **in the
street** na ulici [na u-li-tsi],
go in! jděte dovnitř! [dye-te
dov-nyitrzh], **in time**   včas
[fchas], **in an hour** za hodinu
[za ho-dyi-nu],   **in January**
v lednu [vled-nu]
inch palec = 2.54 cm
include zahrnovat   [za-hr-no-
vat], **the price includes...**
v ceně je zahrnuto... [ftse-
nye ye za-hr-nu-to]
including včetně [fchet-nye]
inconvenient nevhodný/á [ne-
vhod-nee]
increase zvětšit [zvyet-shit],
zvýšit [zvee-shit], **increased
prices** zvýšené ceny [zvee-she-
né tse-ni]
incredible neuvěřitelný/á [ne-
u-vye-rzhi-tel-nee]
indecent neslušný/á [ne-slush-
nee]
indeed opravdu [o-prav-du]
independent nezávislý/á [ne-zá-
vis-lee], samostatný/á   [sa-
mos-tat-nee]
indicate ukázat [u-ká-zat]
indicator ukazovatel m.
indigestion špatné zažívání
[shpat-né za-zhee-vá-nyee]
indoors uvnitř [uv-nyitrzh]
industry   průmysl [proo-mi-
sl] m.
infection infekce [in-fek-tse]
influence vliv m.
informal neformální   [ne-for-
mál-nyee]

information informace [in-for-ma-tse] f., **where is the information desk?** kde jsou tu informace? [kde sow tu in-for-ma-tse]
inheritance dědictví [dye-dyits-tvee] n.
injection injekce [in-yek-tse]
injure zranit [zra-nyit], **my hand has been injured** mám zraněnou ruku [zra-nye-now ru-ku]
injury zranění [zra-nye-nyee]
innocent nevinný/á [ne-vi-nee], **I'm innocent** jsem nevinný/á [sem ne-vi-nee]
inquiry dotaz m., informace f.
insect hmyz [hmis] m.
inside uvnitř [uv-nyitrzh], **he/she went inside** šel/šla dovnitř [shel/shla dov-nyitrzh]
insist naléhat, **he/she insists** trvá na tom [tr-vá na tom]
inspection prohlídka [pro-hleed-ka] f.
instant okamžitý/á [o-kam-zhi-tee], **can I get instant coffee?** máte nes-café?
instead místo toho [mees-to], **instead of you** místo vás
insult urážka [u-rásh-ka] f., **you insulted me** urazil/a jste mne [u-ra-zil ste mne]
insurance pojištění [po-yish-tye-nyee] n., **insurance policy** pojistka [po-yist-ka] f., **what is the name of your insurance company?** jak se jmenuje vaše pojišt'ovna? [yak se me-nu-ye va-she po-yish-tyov-na]
intelligent inteligentní [in-te-li-gen-tnyee]
intention úmysl [oo-mi-sl] m.
interest zájem [zá-yem] m., **are you interested in...?** zajímáte se o...? [za-yee-má-te se o], **I'm not interested** nezajímá mne to [ne-za-yee-má mne to], **interest rate** úroky [oo-ro-ki]
interesting zajímavý/á [za-yee-ma-vee], **that's interesting!**

to je zajímavé! [to ye za-yee-ma-vé]
intermission přestávka [przhes-táf-ka] f.
international mezinárodní [me-zi-ná-rod-nyee]
interpreter tlumočník/ce [tlu-moch-nyeek] m., f.
interrupt přerušit [przhe-ru-shit], **don't interrupt, please** nepřerušujte, prosím [ne-przhe-ru-shuy-te pro-seem]
interval interval m.
interview pohovor m.
into do, **he's got into trouble** dostal se do nesnází [do nes-ná-zee]
introduce představit [przhed-sta-vit], **may I introduce you?** mohu vás představit? [mo-hu vás przhed-sta-vit]
invent vynalézt [vi-na-lést]
invitation pozvání [poz-vá-nyee] n., **thank you for the invitation** děkuji vám za pozvání [dye-ku-yi vám za poz-vá-nyee]
invite pozvat, **I would like to invite you to...** chtěl/a bych vás pozvat...[khtyel bikh vás poz-vat]
involve zahrnout [za-hr-nowt], zaplést se [za-plést]
Ireland Irsko [ir-sko] n.
iron /mineral/ železo [zhe-le-zo] n., žehlička [zheh-lich-ka] f., **it has to be ironed** musí se to vyžehlit [mu-see se to vi-zheh-lit]
irritate dráždit [drázh-dyit]
is je [ye], **he/she/it is** on/ona /ono je
island ostrov [os-trof] m.
it to, ono, **who is it?** kdo je to? [kdo ye to], **it is** to je, **it was** to bylo [bi-lo], **that's it** tak to je
Italy Itálie [i-tá-li-ye] f.
itch svědět [svye-dyet]
item položka [po-losh-ka] f.
itinerary cestovní plán [tses-tov-nyee plán]

J

jacket sako n.
jail vězení [vye-ze-nyee] n.
jam marmeláda f., džem m.,
a traffic jam dopravní zácpa
[do-prav-nyee záts-pa]
January leden m.
jaw čelist [che-list] f.
jazz džez m., **jazz club** džezový
klub [dzhe-zo-vee klup]
jealous žárlivý/á [zhár-li-vee]
jeans džíny [dzhee-ni] pl.
jelly želé [zhe-lé] n.
Jew žid/ovka [zhit,   zhi-dof-
ka] m., f.
jewelry   klenoty [kle-no-ti]
pl., šperky [shper-ki] pl.
job práce [prá-tse] f., **I am
looking for a job** hledám práci
[hle-dám prá-tsi]
jogging běhání [bye-há-nyee] n.
poklus [po-klus] m., **I love
to jog** rád/a běhám
join spojit [spo-yit], **would
you like to join us?** chcete se
připojit? [khtse-te se przhi-
po-yit], **to join the club**
vstoupit do klubu [vstow-pit]
joint kloub [klowp] m., **joint
venture** společné   podnikání
[spo-lech-né pod-nyi-ká-nyee]
joke vtip [ftyip] m.,   žert
[zhert] m., **is it a joke?** to
má být vtip? [beet ftyip],
are you joking? děláte si leg-
raci? [dye-lá-te leg-ra-tsi]
jolly veselý/á [ve-se-lee],
jolly good! prima!
journal časopis [cha-so-pis] m.

journalist novinář [no-vi-
nárzh] m.
journey cesta [tses-ta] f.,
have a good journey! šťastnou
cestu! [shtyast-now tses-tu]
judge soudce [sow-tse] m.
jug džbán [dzhbán] m., **jug of
water/beer**   džbán vody/piva
[dzhbán vo-di/pi-va]
juice šťáva [shtyá-va] f.,
orange juice   pomerančová
šťáva [po-me-ran-cho-vá]
July červenec [cher-ve-nets] m.
jump skákat, **jump up** vyskočit
[vi-sko-chit], **jump down** se-
skočit
jumper svetřík [svet-rzheek] m.
halena f.
junction křižovatka [krzhi-zho-
vat-ka] f.
June červen [cher-ven] m.
junior   mladší [mlad-shee],
John Novak junior Jan Novák
mladší
junk smetí [sme-tyee] n., hara-
burdí, **that's junk** to je hara-
burdí [to ye ha-ra-bur-dyee]
jury porota f.
just právě [prá-vye], jen [yen]
just now právě teď', **just one**
jen jeden/jednu [yen ye-den/
yed-nu], **just a little**   jen
trochu [yen tro-khu], **just for
him** jen pro něho   [nye-ho],
just by hned vedle [ved-le]
justice spravedlnost [spra-ve-
dl-nost] f.

K

keen dychtivý/á [dikh-tyi-vee]
he's keen to do it velmi rád
to udělá [rát to u-dye-lá]
keep držet [dr-zhet],   mít
[meet], **keep it** nechte si to

[nekh-te],   **I'll keep you
company** budu vám   dělat
společnost [dye-lat spo-lech-
nost], **keep off!** nepřibližuj-
te se! [ne-przhi-bli-zhuy-te]

keep on... pokračujte...[po-
·kra-chuy-te], **will it keep
fresh?** vydrží to čerstvé?
[vi-dr-zhee to cher-stvé]
curb obrubník chodníku [ob-rub-
nyeek khod-nyee-ku]
ketchup kečup, rajský protlak
[ray-skee pro-tlak]
kettle čajník [chay-nyeek] m.,
kotlík [kot-leek] m.
key klíč [kleech] m. **give me
the key, my room number is...**
klíč prosím, číslo mého pokoje
je... [kleech pro-seem chees-
lo po-ko-ye ye]
kid: my kids mé děti [dye-tyi],
are you kidding? děláte si
legraci? [dye-lá-te si leg-ra-
tsi]
kidnap unést [u-nést]
kidneys ledviny [led-vi-ni] pl.
kill zabít [za-beet], **to kill
time** zabít čas [za-beet chas]
kilogram kilogram m., kilo n.
kilometer kilometr [ki-lo-me-
tr] m.

kind laskavý/á [las-ka-vee],
druh m., **it's very kind of you**
to je od vás velmi laskavé
[to ye las-ka-vé], **another
kind** jiný druh [yi-nee druh]
king král m.
kiss polibek [po-li-bek] m.,
líbat [lee-bat], **give me a
kiss** polib/te mě [po-lib mnye]
kitchen kuchyně [ku-khi-nye] f.
Kleenex papírové ubrousky [pa-
pee-ro-vé ub-row-ski] pl.
knee koleno n.
kneel klečet [kle-chet]
knickers dámské kalhotky [dám-
ské kal-hot-ki] pl.
knife nůž [noosh] m.
knit plést
knock klepat na dveře [kle-pat
na dve-rzhe], **knocked down**
sražený/á k zemi [sra-zhe-nee
kze-mi]
knot uzel m.
know vědět, znát, **do you know
him/her?** znáte ho/ji?, **I don't
know** nevím [ne-veem]

L

label štítek [shtyee-tek] m.,
labor práce [prá-tse] f.,
námaha f.
lace krajka [kray-ka] f.,
shoe-laces tkaničky do bot
[tka-nyich-ki]
lady dáma f., **ladies-room**
dámy [dá-mi], **ladies and
gentlemen!** dámy a pánové!
lake jezero [ye-ze-ro] n.
lamb jehně [yeh-nye] n.
lamp lampa [lam-pa] f.
land země [ze-mnye] f., při-
stát, **the plane lands at...**
letadlo přistane v...[przhi-
sta-ne]
landscape krajina [kra-yi-
na] f.
lane cesta [tses-ta] f., **/on
highway/** pruh na dálnici
[dál-nyi-tsi]

language řeč [rzhech] f.,
jazyk [ya-zik] m., **language
course** jazykový kurs [ya-zi-
ko-vee kurs]
lard sádlo n.
large velký/á [vel-kee]
last poslední, minulý/á, **last
week/year** minulý týden/rok
[mi-nu-lee tee-den], **last
train to...** poslední vlak do..
[pos-led-nyee], **at last** koneč-
ně [ko-nech-nye], **it lasts two
hours** trvá to dvě hodiny [tr-
vá to dvye ho-dyi-ni], **what's
your last name?** jaké je vaše
příjmení? [ya-ké ye va-she
przhee-me-nyee]
late pozdě [poz-dye], **sorry I'm
late** promiňte, že jdu pozdě
[pro-min'-te zhe du poz-dye],
it's too late je velmi pozdě
[ye poz-dye]

lately nedávno [ne-dáv-no]
later později [poz-dye-yi],
we'll talk about it later
promluvíme si o tom později
[pro-mlu-vee-me si poz-dye-
yi], **a later edition** poz-
dější vydání [poz-dyey-shee
vi-dá-nyee], **see you later**
uvidíme se později [u-vi-dyee-
me se poz-dye-yi]
latest: the latest fashion
nejnovější móda [ney-no-vyey-
shee], **at the latest** nejpozdě-
ji [ney-poz-dye-yi]
laugh smát se, **why are you
laughing?** proč se směješ/te?
[proch se smnye-ye-te], **don't
laugh!** nesměj/te se   [ne-
smnyey-te]
**laundry: where can I take my
laundry?** kde si mohu dát
vyprat prádlo? [vi-prat prád-
lo], **is there a laundry
here?** kde je tu prádelna?
[ye tu prá- del-na]
lavatory umývárna [u-mee-vár-
na] f., **public lavatory**
veřejné záchody [ve-rzhey-né
zá-kho-di]
law zákon m., **to violate a law**
porušit zákon [po-ru-shit zá-
kon], **that's against the law**
to je proti zákonu [to ye pro-
tyi zá-ko-nu]
lawn trávník [tráv-nyeek] m.
lawyer právník/ička [práv-nyeek
práv-nyich-ka] m., f.
laxative projímadlo [pro-
yee-mad-lo] n.
lay položit [po-lo-zhit]
lazy líný/á [lee-nee]
lead olovo n.
lead vést, **are you going to
lead us?** povedete nás?
leader vůdce [vood-tse] m.
leaf list m.
leak propouštět   [pro-powsh-
tyet], **the sink is leaking**
teče umyvadlo [te-che u-mi-
vad-lo]
learn učit se [u-chit], **I've
learned a lot** hodně jsem se

naučil/a [hod-nye sem se na-
u-chil]
lease pronajmout [pro-nay-mowt]
for lease k pronajmutí [kpro-
nay-mu-tyee]
least nejmenší [ney-men-shee],
at least alespoň [a-les-pon']
leather kůže   [koo-zhe] f.,
leather gloves kožené rukavice
[ko-zhe-né ru-ka-vi-tse]
leave nechat [ne-khat], odejít
[o-de-yeet], **leave me alone!**
neobtěžuj/te! [ne-ob-tye-zhuy-
te], **the train leaves...** vlak
odjíždí...[od-yeezh-dyee],
I left my baggage over there
nechal/a jsem tam svá zavazad-
la [ne-khal sem tam za-va-zad-
la], **she just left** právě odeš-
la [prá-vye o-de-shla], **when
do you leave?** kdy odjíždíte?
[kdi od-yeezh-dyee-te], **there
is not much food left** mnoho
jídla nezůstalo [yeed-la ne-
zoos-ta-lo], **leave it up to me**
nechte to na mě [nekh-te-to na
[mnye]
leek pórek m.
left levý/á [le-vee], **left hand**
levá ruka, **to the left** vlevo,
left luggage úschovna
zavazadel [oos-khov-na za-va-
za-del]
leg noha f.
lemon citrón [tsit-rón] m., **tea
with lemon** čaj s citrónem
[chay stsi-tró-nem]
lemonade limonáda f.
lend půjčit [poo-chit], **lend me
... please** půjčte mi... prosím
[pooch-te mi... pro-seem]
length délka f.
lens čočka [choch-ka] f.,
contact lenses kontaktní čočky
[kon-takt-nyee choch-ki]
lentil čočka f., **lentil soup**
čočková polévka [choch-ko-vá]
less méně [mé-nye], **less than
one week/month** méně než týden
/měsíc [mé-nye nezh tee-den/
mnye-seets], **five less two**
pět bez dvou [pyet bez dvow]

lesson lekce [lek-tse] f., hodina [ho-dyi-na] f., **do you give lessons in Czech?** dáváte hodiny češtiny? [ho-dyi-ni chesh-tyi-ni]

let nechat [ne-khat], dovolit, pronajmout [pro-nay-mowt] **let us know** dejte nám vědět [dey-te nám vye-dyet], **let me go!** pust'te mě! [pus-te mnye], **let's sit here** sedněme si zde [se-nye-me si], **let me see it** dovolte abych se na to podíval /a [do-vol-te a-bikh se po-dyee-val], **he/she let me down** zklamal/a mne [skla-mal mne]

letter dopis m., písmeno [pees-me-no] n., **I'll write you a letter** napíši vám dopis [na-pee-shi do-pis], **capital letter** velké písmeno

letter box poštovní schránka [posh-tov-nyee skhrán-ka] f.

lettuce hlávkový salát [hláf-ko-vee sa-lát] m.

level rovina f.

liar lhář [lhárzh] m.

liberty svoboda f.

library knihovna [knyi-hov-na]

license povolení [po-vo-le-nyee] n., **driver's license** řidičský průkaz [rzhi-dyich-skee proo-kas]

lid víko [vee-ko] n.

lie lež [lesh] f., lhát

lie /down/ ležet [le-zhet], **I want to lie down** chci si lehnout [khtsi si leh-nowt]

life život [zhi-vot] m.

lift zvednout [zved-nowt], výtah [vee-tah] m.

light světlo [svyet-lo] n., světlý/á [svyet-lee], **light brown** světle hnědý/á [hnye-dee], **there was no light** nesvítilo se tam [ne-svee-tyi-lo se], **light bulb** žárovka [zhá-rof-ka], **light industry** lehký průmysl [leh-kee proo-mi-sl], **a light meal** lehké jídlo [leh-ké yeed-lo]

lighter zapalovač [za-pa-lo-vach] m.

lightning blesk m.

like mít rád [meet], líbit se [lee-bit], podobný/á [po-dob-nee], **I like it hot/cold** mám to rád/a horké/studené, **do you like my new dress?** líbí se vám mé nové šaty? [lee-bee se vám sha-ti], **would you like to go to...** chtěl/a byste jít do... [khtyel bis-te yeet], **I like it here** líbí se mi tu [lee-bee], **what is he/she like?** jak vypadá? [yak vi-pa-dá], **I'd like...** chtěl/a bych [khtyel bikh], **what is it like?** jaké je to? [ya-ké ye to], **I don't like it** nelíbí se mi to/nemám to rád/a

limit omezit

line čára [chá-ra] f., linka f. **the line is busy** obsazeno [ob-sa-ze-no] **queue** fronta / lidí / [fron-ta li-dyee]

linen ložní prádlo [lozh-nyee prád-lo] n.

lining podšívka [pod-sheef-ka]

lion lev m.

lip ret m.

lipstick rtěnka [rtyen-ka] f.

liquid tekutina [te-ku-tyi-na]

liquor alkohol m.

list seznam m.

listen poslouchat [po-slow-khat], **listen carefully** pozorně poslouchejte [po-zor-nye po-slow-khey-te]

liter litr [li-tr] m., **two liters** dva litry [lit-ri]

literature literatura f.

litter smetí [sme-tyee] n.

little malý/á [ma-lee], málo, **just a little** jenom trochu [ye-nom tro-khu], **little thing** maličkost [ma-lich-kost]

live žít [zheet], bydlit [bid-lit], **do you live here?** žijete tady? [zhi-ye-te ta-di], **I live in...** žiji v.. [zhi-yi] **I don't live alone** nebydlím sám/sama [ne-bid-leem]

lively živý/á [zhi-vee], čilý/á [chi-lee]

liver játra [yát-ra] pl.
lizard ještěrka [yesh-tyer-ka] f.
loaf bochník [bokh-nyeek] m.
loaf of bread bochník chleba [bokh-nyeek khle-ba]
loan půjčka [pooch-ka] f.
lobby hala f., vestibul m., **I'll meet you in the lobby** sejdeme se dole v hale [sey-de-me se vha-le]
local místní [meest-nyee], **is this a local wine?** je tohle místní víno? [ye to-hle meest-nyee vee-no]
lock zámek m., zamknout [zamk-nowt], **the door is locked** je zamčeno [ye zam-che-no]
locker skřínka [skrzheen-ka] f.
lonely osamělý/á [o-sa-mnye-lee], opuštěný/á [o-push-tye-nee]
long dlouhý/á [dlow-hee], dlouho, **long ago** dávno, **how long.?** jak dlouho..? [yak dlow-ho], **a long journey** dlouhá cesta **it won't be long** to nebude dlouho trvat [tr-vat], **as long as...** pokud, **so long!** nashledanou! [na-skhle-da-nou]
long distance call meziměstský hovor [me-zi-mnyest-skee]
look dívat se [dyee-vat], vypadat [vi-pa-dat], **you look very well** vypadáte velmi dobře [vi-pa-dá-te dob-rzhe], **I'm just looking** jen se dívám [yen se dyee-vám], **what are you looking for?** co hledáte? [tso hle-dá-te], **I'm looking forward to...** těším se na... [tye-sheem], **look around...** podívejte se..[po-dyee-vey-te] **can you look after him?** můžete se o něho postarat? [moo-zhe-te se o nye-ho po-sta-rat]
loose volný/á [vol-nee]
lose ztratit [stra-tyit], **he/she has lost...** ztratil/a... [stra-tyil], **I'm lost** zabloudil/a jsem [za-blow-dyil sem]
lost and found ztráty a nálezy

[strá-ti a ná-le-zi]
lot: a lot mnoho, **a lot of people** mnoho lidí [mno-ho li-dyee], **I like it a lot** velmi se mi to líbí [lee-bee]
loud hlasitý/á [hla-si-tee], nahlas, **it's too loud** to je moc nahlas [ye mots na-hlas], **louse** veš [vesh] f.
lousy všivý/á [fshi-vee], **lousy weather** mizerné počasí [mi-zer-né po-cha-see]
love láska f., mít rád/a [meet rát], **he/she is in love** je zamilovaný/á [ye za-mi-lo-va-nee], **I love you** mám tě/vás rád/a [mám tye rát], **I love this town** miluji toto město [mi-lu-yi mnyes-to]
lovely krásný/á [krás-nee], **what a lovely day!** to je krásný den!
lover milenec/milenka [mi-le-nets/mi-len-ka] m., f.
low nízký/á [nyees-kee], **that's a low price** to je laciné [ye la-tsi-né]
luck štěstí [shtyes-tyee] n., **good luck!** hodně štěstí! [hod-nye shtyes-tyee], **it was just luck** to byla šťastná náhoda [bi-la shtyast-ná ná-ho-da], **hard luck!** máte smůlu [smoo-lu]
lucky šťastný/á [shtyast-nee], **you are lucky!** máte štěstí!
luggage zavazadla [za-va-zad-la] pl., **where is my luggage?** kde jsou má zavazadla? [kde sow za-va-zad-la]
lullaby ukolébavka [u-ko-lé-baf-ka] f.
lump bulka [bul-ka] f., kus m.
lump sugar kostkový cukr [kost-ko-vee tsu-kr]
lunch oběd [o-byed] m., **let's go for lunch** pojd'me na oběd [pod'-me na o-byed], **lunch is served ...** oběd se podává... [o-byed se po-dá-vá]
lungs plíce [plee-tse] pl.
luxury přepych [przhe-pikh] m.

M

machine stroj [stroy] m.
mad bláznivý/á [bláz-nyi-vee]
magazine časopis [cha-so-pis]
magnificent nádherný/á [nád-her-nee]
maid /in hotel/ pokojská [po-koy-ská] f., /at home/ slu-žebná [slu-zheb-ná] f.
maiden name dívčí jméno [dyeev-chee mé-no] n.
mail pošta [posh-ta] f., poslat poštou [posh-tow], air mail letecká pošta [le-tets-ká], do you have any mail for me? máte pro mne nějakou poštu? [nye-ya-kow posh-tu], I would like to mail this chci to pos-lat poštou [khtsi..posh-tow]
mailbox dopisní schránka [do-pis-nyee skhrán-ka] f.,
main hlavní [hlav-nyee], main street hlavní ulice [u-li-tse]
make dělat [dye-lat], vyrobit [vi-ro-bit], to make fun žertovat [zher-to-vat], it's freshly made čerstvě vyrobeno [cher-stvye vi-ro-be-no], he'll/she'll make it on/ona to udělá [u-dye-lá]
make-up nalíčení [na-lee-che-nyee] n., kosmetika f.
male muž [muzh] m., mužský
malignant zhoubný/á [zhow-bnee]
man člověk [chlo-vyek] m., muž [muzh] m.
manage řídit [rzhee-dyit], hos-podařit [hos-po-da-rzhit], I'll manage já to zvládnu [yá zvlád-nu]
manager vedoucí [ve-dow-tsee], správce [spráf-tse] m., where is the manager? kde je vedou-cí? [kde ye ve-dow-tsee]
many mnoho, velmi, how many? kolik?, many of us mnozí z nás [mno-zee znás], as many as you like tolik, kolik chcete

[khtse-te]
map mapa f., plán m., do you have a map of...? máte mapu..?
maple javor [ya-vor] m.
marble mramor m.
March březen [brzhe-zen] m.
march pochod [po-khod] m.
mark značka [znach-ka] f., skvrna [skvr-na] f., it's marked here tady je to ozna-čené [ta-di ye to o-zna-che-né]
market trh m., a fruit market ovocný trh [o-vots-nee trh], on black market na černém trhu [na cher-ném tr-hu]
marmalade pomerančová zavaře-nina [po-me-ran-cho-vá za-va-rzhe-nyi-na]
marriage manželství [man-zhel-stvee] n.
married: he's married je ženatý [ye zhe-na-tee], she's married je vdaná [ye vda-ná], are you married? jste ženatý/vdaná? [ste zhe-na-tee/ vda-ná]
mash kaše [ka-she] f., mashed-potatoes bramborová kaše
mask maska f.
mat podložka [pod-losh-ka] f.
match sportovní zápas m.
matches zápalky [zá-pal-ki] pl.
material látka f., hmota f.
matter věc [vyets] f., that's a different matter to je jiná věc [ye yi-ná vyets], it doesn't matter to nevadí [to ne-va-dyee], what's the matter with you? co je vám? [tso ye]
mature dospělý/á [dos-pye-lee]
May květen [kvye-ten] m., máj [máy] m.
may moci [mo-tsi], smět i [smnye-tyi], may I take it? mohu si to vzít? [vzeet], may I? smím? [smeem]
maybe možná [mozh-ná], snad

mayonnaise majonéza [ma-yo-né-za] f.

mayor starosta m.

me mě [mnye], mně [mnye], **it's me** to jsem já [to sem yá], **for me** pro mě, **give it to me** dejte mně to [dey-te mnye to] **with me** se mnou [mnow]

meal jídlo [yeed-lo] n., **that was a very good meal** to bylo velmi dobré jídlo [to bi-lo dob-ré yeed-lo]

mean mínit [mee-nyit], **what do you mean?** co tím myslíte? [tso tyeem mi-slee-te], **what does it mean?** co to znamená? [tso to zna-me-ná]

measles spalničky [spal-nyich-ki] pl.

measurement míra [mee-ra] f.

meat maso n., **I don't eat meat** nejím maso [ne-yeem ma-so]

medicine lék m.

medium střední [strzhed-nyee], **medium size** střední velikost

meet potkat, sejít se [se-yeet] **I'll meet you** potkám vás ... **where shall we meet?** kde se sejdeme? [sey-de-me], **pleased to meet you** těšilo mě [tye-shi-lo mnye]

meeting schůze [skhoo-ze] f., schůzka [skhoos-ka] f.

melon meloun [me-lown] m.

melt roztát

member člen/ka [chlen] m., f. **are you a member of...?** jste členem...? [ste chle-nem]

memory paměť [pa-mnyet'] f., **in memory of...** na památku

men lidé pl.

mend spravit, **can you mend this?** můžete to spravit? [moo-zhe-te to spra-vit]

mental duševní [du-shev-nyee]

mention zmínit se [zmee-nyit], **don't mention it** nestojí to za řeč [ne-sto-yee to za rzhech]

menu jídelní lístek [yee-del-nyee lees-tek], **may I see the menu?** jídelní lístek, prosím [pro-seem]

merry veselý/á [ve-se-lee], **merry Christmas** veselé vánoce [ve-se-lé vá-no-tse]

mess nepořádek [ne-po-rzhá-dek] m.

message zpráva f., vzkaz m., **may I leave a message for...?** mohu nechat vzkaz pro...? [mo-hu ne-khat fskas], **any message for me?** mám tu nějaký vzkaz? [nye-ya-kee fskas]

metal kov [kof] m.

meter metr [me-tr] m., **two meters** dva metry [met-ri]

middle prostřední [pro-strzhed-nyee], **in the middle** uprostřed [u-prost-rzhet], **middle-aged** středního věku [strzhed-nyee-ho vye-ku]

midnight půlnoc [pool-nots] f.

might: I might mohl/a bych [mo-hl bikh]

mild mírný/á [meer-nee], **mild winter** mírná zima [meer-ná zi-ma]

mile míle [mee-le] f.

military vojenský/á [vo-yen-skee]

milk mléko n., **milk-shake** mléčný koktail [mléch-nee kok-teyl]

mill mlýn [mleen] m.

millimeter milimetr m.

million milión [mi-li-yón] m.

mind rozum m., **keep in mind** pamatujte si [pa-ma-tuy-te], **make up your mind** rozhodněte se [roz-hod-nye-te], **I have changed my mind** rozmyslel/a jsem si to [roz-mis-lel sem], **if you don't mind** jestli vám to nevadí [yest-li vám ne-va-dyee]

mine můj [mooy], má, mé , **that's mine** to je moje [to ye mo-ye], **coal mine** důl [dool]

mineral water minerálka f., **one mineral water** jednu minerálku [yed-nu mi-ne-rál-ku]

minor menší [men-shee]

minus minus, **two minus one** dvě bez jedné [dvye bez yed-né]

minute minuta f., **just a minute** okamžik [o-kam-zhik]
miracle zázrak [zá-zrak] m.
mirror zrcadlo [zr-tsad-lo] n.
miserable ubohý/á [u-bo-hee], mizerný/á
miss zmeškat [zmesh-kat], stýskat si [stees-kat], **I missed the train** zmeškal/a jsem vlak [zmesh-kal sem], **something is missing** něco chybí [nye-tso khi-bee], **I'll miss you** bude se mi po tobě/vás stýskat
Miss slečna [slech-na] f., **miss!** slečno! [slech-no]
mistake chyba [khi-ba] f., **I made a mistake** zmýlil/a jsem se [zmee-lil sem se], **there is a mistake** tady je chyba [ta-di ye khi-ba]
mistress milenka f.
misunderstanding nedorozumění [ne-do-ro-zu-mnye-nyee] n.
mix míchat [mee-khat], **they don't mix well** nesnášejí se [ne-sná-she-yee], **he's been mixed-up in...** byl zapleten do... [bil za-ple-ten]
mixture směs [smnyes] f.
modern moderní [mo-der-nyee]
modest skromný/á [skrom-nee]
moisture vlhkost [vlkh-kost] f.
moment okamžik [o-kam-zhik] m., chvíle [khvee-le] f., **at the moment** právě [prá-vye]
monastery klášter [klásh-ter]
Monday pondělí [pon-dye-lee] n.
money peníze [pe-nyee-ze] pl., **I don't have enough money** nemám dost peněz [pe-nyes]
monkey opice [o-pi-tse] f.
month měsíc [mnye-seets] m., **I'll stay one month** zůstanu tu celý měsíc [zoo-sta-nu tu tse-lee mnye-seets]
monument pomník [pom-nyeek] m.
mood nálada f., **he's/she's in a bad mood** má špatnou náladu [má shpat-now ná-la-du]
moon měsíc [mnye-seets] m.
more více [vee-tse], **more, please** ještě trochu, prosím

[yesh-tye tro-khu pro-seem], **once more** ještě jednou [yesh-tye yed-now], **more than that** více než to [vee-tse nesh]
morning ráno n., jitro [yit-ro] n., **good morning** dobré jitro [dob-ré yit-ro], **in the morning** ráno [rá-no]
most nejvíce [ney-vee-tse], **most rooms...** většina pokojů.. [vyet-shi-na po-ko-yoo]
motel motel m.
mother matka [mat-ka] f.
mother-in-law tchyně [tkhi-nye]
motor motor m.
motorcycle motocykl [mo-to tsi-kl] m.
motorway dálnice [dál-nyi-tse] f.
mountain hora f., vrch [vrkh] m., **high mountains** vysoké hory [vi-so-ké ho-ri]
mouse myš [mish] f.
moustache kníry [knyee-ri] pl.
mouth ústa [oos-ta] pl.
move hýbat se [hee-bat], stěhovat se [stye-ho-vat], **can you move?** můžete se posunout? [moo-zhe-te se po-su-nowt], **he moved out** odstěhoval se [od-stye-ho-val]
movie film m., **that was a nice movie** to byl pěkný film [to bil pyek-nee film]
movies kino n., **would you like to go to the movies?** šel/šla byste do kina? [shel bis-te do ki-na]
Mr. pan m., **Mr. Smith** pan Smith
Mrs. paní f., **Mrs. Smith** paní Smithová [pa-nyee smi-so-vá]
much mnoho, hodně [hod-nye], **much better** mnohem lepší [mno-hem lep-shee], **that's too much** to je moc [to ye mots], **not much** ne tolik, **how much?** kolik?
mud bláto n.
mumps příušnice [przhee-ush-nyi-tse] pl.
murder vražda [vrazh-da] f.
muscle sval m.

museum muzeum [mu-ze-um] n.,
National Museum Národní
muzeum [ná-rod-nyee]
mushroom houba [how-ba] f.
music hudba [hud-ba] f.,
classical music klasická
hudba [kla-sits-ká]
musician hudebník [hu-deb-
nyeek] m., muzikant m.
must muset, **I must** musím [mu-
seem], **I must not** nesmím
[ne-smeem]

mustard hořčice [horzh-chi-
tse] f., **a hotdog with
mustard** párek s hořčicí [pá-
rek shorzh-chi-tsee]
my můj, má, mé, **my friend**
můj/má přítel/kyně [mooy
przhee-tel]
myself já sám/sama [yá sám],
I've done it myself udělal/a
jsem to sám/sama [u-dye-lal
sem to sám]
mystery záhada f.

N

nail nehet m., hřebík [hrzhe-
beek] m., **nail down** přibít
[przhi-beet], **nail polish**
lak na nehty [nekh-ti], **nail
polish remover** odlakovač [od-
la-ko-vach]
naked nahý/á [na-hee]
name jméno [mé-no] n., **my name
is...** jmenuji se... [me-nu-yi
se], **what is your name?** jak se
jmenujete? [yak se me-nu-ye-
te], **what's the name of...?**
jak se jmenuje...? [yak se me-
nu-ye]
napkin ubrousek [u-brow-sek] m.
nappy see diaper
narrow úzký/á [oos-kee]
nasty ošklivý/á [osh-kli-vee]
national národní [ná-rod-nyee]
nationality národnost f., **what
is your nationality?** jakou
máte státní příslušnost? [ya-
kow má-te stát-nyee przhee-
slush-nost]
natural přírodní [przhee-rod-
nyee]
naturally samozřejmě [sa-mo-
zrzhey-mnye]
nature příroda [przhee-ro-da]
f., povaha f.
nausea nevolnost f.
near blízko [blees-ko], **near
the hotel** blízko hotelu

[blees-ko ho-te-lu], **is it
near?** je to blízko? [ye to
blees-ko]
nearly skoro, **it's nearly dark**
je skoro tma [ye sko-ro tma]
near-sighted krátkozraký/á
neat úhledný/á [oo-hled-nee]
necessary nutný/á [nut-nee],
it's necessary je to nutné [ye
to nut-né]
neck krk m.
necklace náhrdelník [ná-hr-del-
nyeek] m.
necktie kravata f.
need potřeba [pot-rzhe-ba] f.,
I need... potřebuji... [pot-
rzhe-bu-yi], **what do you need?**
co potřebujete? [tso pot-rzhe-
bu-ye-te], **no need to...** není
třeba [ne-nyee trzhe-ba]
needle jehla [yeh-la] f., **knit-
ting needles** jehlice [yeh-li-
tse] pl.
negative záporný/á [zá-pornee]
negative /film/ negativ
negro černoch/ška [cher-nokh]
m., f.
neighbor soused/ka [sow-sed]
m., f.
neighborhood sousedství [sow-
sed-stvee] n., **in our
neighborhood** v našem okolí
[vna-shem o-ko-lee]

neither žádný/á [zhád-nee],
neither of us žádný z nás,
neither...nor...ani...ani...
[a-nyi], **neither you nor I...**
ani ty/vy ani já [a-nyi ti/vi
a-nyi yá]
nephew synovec [si-no-vets] m.
nervous nervový/á [ner-vo-vee]
nervózní [ner-vóz-nyee], **don't
be nervous** nebuď'te nervózní
[ne-buď'-te ner-vóz-nyee]
nest hnízdo [hnyee-zdo] n.
net síť' [seet'] f., **over the
net** přes síť' [przhes seet'],
net profit čistý zisk [chis-
tee zisk]
nettle kopřiva [kop-rzhi-va] f.
never nikdy [nyi-kdi], **never
mind** nevadí [ne-va-dyee]
new nový/á [no-vee]
news zpráva [sprá-va] f., **that
is a great news!** to je ohromná
zpráva!, **any news?** nějaké no-
vinky? [nye-ya-ké no-vin-ki]
newspaper noviny [no-vi-ni] pl.
today's newspaper dnešní
noviny [dnesh-nyee no-vi-ni],
English newspaper anglické no-
viny [an-glits-ké]
newsstand novinový stánek [no-
vi-no-vee stá-nek] m.
next příští [przhee-shtyee],
další [dal-shee], **next week/
month/year** příští týden/měsíc/
rok [przhee-shtyee tee-den/
mnye-seets/rok], **next one**
další [dal-shee], **what next?**
co ještě? [tso yesh-tye], **next
door** vedle
nice hezký/á [hes-kee], pěkný/á
[pyek-nee], **that's nice!** to je
hezké! [to ye hes-ké], **it's
nice of you** to je od vás hezké
have a nice day! mějte se
pěkně! [mnyey-te se pyek-nye]
niece neteř [ne-terzh] f.
night noc [nots] f. **good night!**
dobrou noc! [dob-row nots],
tonight dnes večer [ve-cher],
last night včera večer [fche-
ra ve-cher], **at night** v noci
[vno-tsi], **one room for two

nights jeden pokoj na dvě noci
[ye-den po-koy na dvye no-tsi]
night-gown noční košile [noch-
nyee ko-shi-le]
nightingale slavík [sla-veek] m.
nightmare hrozný sen, noční
můra [noch-nyee moo-ra]
no ne, žádný/á [zhád-nee],
oh no! ne, ne!, **no more** už
nikdy [ush nyi-kdi], **I have
no job** nemám žádnou práci
[zhád-now prá-tsi]
nobody nikdo [nyi-kdo]
noise hluk m.
noisy hlučný/á [hluch-nee]
non-alcoholic nealkoholický/á
[ne-al-ko-ho-lits-kee]
none nikdo [nyi-kdo], žádný/á
nonsense nesmysl [ne-smi-sl] m.
noodle nudle f., **beef broth
with noodles** hovězí nudlová
polévka [ho-vye-zee nud-lo-vá]
noon poledne n., **at noon** v po-
ledne [fpo-led-ne]
nor ani [a-nyi], ani ne, **nor do
I** ani já ne [a-nyi yá ne]
normal normální [nor-mál-nyee],
obyčejný/á [o-bi-chey-nee]
north sever m., **to the north**
na sever
northern severní [se-ver-nyee]
Norway Norsko n.
nose nos m.
not ne, **not today** dnes ne, **not
for me** ne pro mne, **I shall not
do it** neudělám to [ne-u-dye-
lám], **the bus/train did not
arrive** autobus/vlak nepřijel
[ne-przhi-yel], **not at all**
vůbec ne [voo-bets ne], **he/she
is not here** není tady [ne-nyee
ta-di]
note poznámka f., **/tone**/nota f.,
bank note bankovka f., **I'll
make a note** poznamenám si
notebook zápisník [zá-pis-
nyeek] m.
nothing nic [nyits], **for
nothing** zbytečně [zbi-tech-
nye]
novel román m.
November listopad m.

now nyní [ni-nyee], ted',
just now právě ted', **until now**
až dosud [ash do-sut], **now or
never** ted' nebo nikdy [nyi-
kdi], **not now** ne ted'
nowhere nikde [nyi-kde]
nude nahý/á [na-hee]
nuisance potíž [po-tyeesh] f.,
don't be a nuisance nebud'/te
protivný/á [ne-bud' pro-tyiv-
nee]
number číslo [chees-lo] n.,
my room number is...

mám pokoj číslo...[po-koy
chees-lo], **a large number of..**
velký počet.. [vel-kee po-
chet], **what number?** jaké čís-
lo? [ya-ké chees-lo]
nun jeptiška [yep-tyish-ka] f.
nurse ošetřovatelka [o-shet-
rzho-va-tel-ka] f.
nursery školka [shkol-ka] f.,
/in the house/ dětský pokoj
[dyet-skee po-koy]
nut ořech [o-rzhekh] m.

O

oak dub m.
oar veslo n.
oath přísaha [przhee-sa-ha] f.
obedient poslušný/á [po-slush-
nee]
oblige: much obliged mnohokrát
děkuji [dye-ku-yi]
obsessed posedlý/á [po-sed-lee]
obvious samozřejmý/á [sa-mo-
zrzhey-mee], **that's obvious**
to je jasné [to ye yas-né]
occasion příležitost [przhee-
le-zhi-tost] f.
occupation povolání [po-vo-lá-
nyee] n., obsazení n., **what's
your occupation?** jaké je vaše
povolání? [ya-ké ye va-she]
ocean oceán [o-tse-án] m.
October říjen [rzhee-yen] m.
odd lichý/á [li-khee], divný/á,
odd number liché číslo [li-khé
chees-lo], **odd behavior** podiv-
né chování [po-dyiv-né kho-vá-
nyee]
of od, ze, **instead of me** místo
mne [mees-to], **of course** ovšem
[of-shem]
off pryč [prich], **the day off**
volný den [vol-nee], **I put it
off** odložil/a jsem to [od-lo-
zhil sem to], **off the table**

pryč ze stolu [prich], **why is
the light off?** proč je vypnuté
světlo? [proch ye vip-nu-té
svyet-lo]
offend urazit se, **he/she was
offended** urazil/a se [u-ra-
zil]
offer nabídka [na-beed-ka] f.,
what can I offer you? co vám
mohu nabídnout? [tso..na-beed-
nowt]
office kancelář [kan-tse-lárzh]
f., úřad [oo-rzhat] m.
official úředník [oo-rzhed-
nyeek] m., **is it official?** je
to oficiální? [ye to o-fi-tsi-
ál-nyee]
off-season mimo sezónu
often často [chasto], **how
often?** jak často? [yak..]
oil olej [o-ley] m., **I need to
change oil** potřebuji vyměnit
olej [po-trzhe-bu-yi vi-mnye-
nyit o-ley]
ointment mast f.
O.K. dobrá, v pořádku [fpo-
rzhát-ku], **are you O.K.?** jste
v pořádku? [ste fpo-rzhát-ku]
old starý/á [sta-ree], **how old
are you?** kolik je vám let?
[ko-lik ye vám let]

old-fashioned staromódní [sta-ro-mód-nyee]
olive oliva f.
omelet(te) omeleta f., **ham-omelet** omeleta se šunkou [shun-kow]
on na, u, v, **on the table** na stole, **on time** včas [fchas], **on Sunday** v neděli [vne-dye-li], **on sale** na prodej [pro-dey], **the light is on** svítí světlo [svee-tyee svyet-lo], **go on!** pokračujte! [po-kra-chuy-te], **what's on?** co je nového? [tso ye no-vé-ho]
once jednou [yed-now], kdysi [kdi-si], **at once** ihned, **once more** ještě jednou [yesh-tye yed-now]
one jeden [ye-den], jedna [yed-na], jediný [ye- dyi-nee], **one coffee please** jednu kávu, prosím [yed-nu ká-vu pro-seem] **this one** tento/tato, **one by one** po jednom [po yed-nom], **there was only one** byl/a tam jediný/á [bil ye-dyi-nee]
onion cibule [tsi-bu-le] f.
only jen [yen], jenom [ye-nom], **not only** nejen [ne-yen], **only in the morning** jenom ráno [ye-nom rá-no]
open otevřít [o-tev-rzheet], **it's open** je otevřeno [ye o-tev-rzhe-no], **open the door!** otevřete! [o-tev-rzhe-te], **when do you open?** kdy otvíráte? [kdi ot-vee-rá-te]
opera opera f.
operation operace [o-pe-ra-tse] f.
opinion mínění [mee-nye-nyee] n., názor m., **in my opinion** podle mého názoru
opportunity příležitost [przhe-le-zhi-tost] f.
opposite opačný/á [o-pach-nee] naproti, **opposite the park** naproti parku, **it's just op-posite...** je to přímo naproti [ye to przhee-mo na-pro-tyi]
optician optik m.

optimist optimista m.
option volba f., výběr [vee-byer] m., **I don't have any option** nemám na vybranou [ne-mám na vi-bra-now]
or nebo, **either...or...** bud'.. anebo...
orange pomeranč [po-me-ranch] m., **orange color** oranžová barva [o-ran-zho-vá], **orange juice** pomerančová št'áva [po-me-ran-cho-vá shtyá-va]
orchestra orchestr [or-khes-tr] m.
order pořádek [po-rzhá-dek] m., objednat [ob-yed-nat], **I would like to order** rád/a bych si objednal/a [rát bikh ob-yed-nal], **we haven't ordered yet** nemáme ještě objednáno [yesh-tye ob-yed-ná-no], **out of order** není v pořádku, nefunguje [ne-nyee fpo-rzhát-ku, ne-fun-gu-ye]
ordinary obyčejný/á [o-bi-chey-nee]
organization organizace [or-ga-ni-za-tse] f.
organize zařídit [za-rzhee-dyit], organizovat
original originál m., původní [poo-vod-nyee]
orphan sirotek m.
other jiný/á [yi-nee], druhý/á [dru-hee], **the other day** jindy [yin-di], **each other** navzájem [na-vzá-yem], **the other room** jiný pokoj [yi-nee po-koy]
otherwise jinak [yi-nak]
ought: I **ought to go** měl/a bych jít [mnyel bikh yeet]
our náš/naše [nash/na-she] m., f., **our guest** náš host [nash], **our meeting** naše schůzka [na-she skhoos-ka]
out ven, pryč [prich], **he/she is out** není tady [ne-nyee ta-di], **I'll go out** půjdu ven [pu-du ven], **watch out!** dávejte pozor! [dá-vey-te], **get out!** vypadněte! [vi-pad-nye-te], **he's out of money**

je bez peněz [ye bes pe-nyes]
out of town pryč z města
[prich zmnye-sta]
outdoor venku
outside venku, **we'll wait out-
side** počkáme venku [poch-ká-
me ven-ku]
**outskirts: the outskirts of
Prague** předměstí Prahy
[przhed-mnyes-tyee pra-hi]
oven trouba na pečení [trow-ba
na pe-che-nyee]
over nad, přes [przhes], po,
all over Europe po celé Evro-
pě [tse-lé ev-ro-pye], **it's
over** je po všem [ye po fshem]
over fifty přes padesát ,
over and over opět [o-pyet],
the meeting is over schůze
skončila [skhoo-ze skon-chi-
la], **over there** tam

overcoat svrchník [svrkh-nyeek]
overcome přemoci [przhe-mo-tsi]
overdo: it's overdone to je
převařené [przhe-va-rzhe-né]
overnight přes noc [przhes
nots]
oversleep zaspat, **sorry, I
overslept** lituji, zaspal/a
jsem [li-tu-yi, zas-pal sem]
overtake předjet [przhed-yet]
overthrow svrhnout [svur-hnowt]
overweight nadváha f.
owe: I owe you jsem vám
zavázán/a [sem vám za-vá-zán],
how much do I owe you? kolik
vám dlužím? [dlu-zheem]
own vlastní [vlast-nyee], **are
you on your own?** jste tu sám/
sama? [ste sám]
owner majitel [ma-yi-tel] m.
ox vůl [vool] m.

P

pack balík [ba-leek] m., (za)
balit, **I have to pack** musím
balit [mu-seem ba-lit]
package balík m., **I would like
to send the package to...** chci
poslat balík do... [khtsi pos-
lat ba-leek]
packet balíček [ba-lee-chek] m.
pad podložka [pod-losh-ka] f.,
vložka [vlosh-ka] f.
paddle veslo n.
page stránka f.
pain bolest f.
painful: it's very painful to
hrozně bolí [hroz-nye bo-lee]
painkillers prášky proti
bolesti [prásh-ki pro-tyi bo-
les-tyi] pl.
paint barva f., malovat
painting obraz m., malba f.
pair pár m., dvojice [dvo-yi-
tse] f.
palace palác [pa-láts] m.
pale bledý/á [ble-dee]

palm dlaň f. **palm tree** palma f.
pan pánev f.
pancake palačinka [pa-la-chin-
ka] f.
pants kalhoty [kal-ho-ti] pl.,
panties kalhotky [kal-hot-ki]
pantyhose punčochové kalhoty
[pun-cho-kho-vé]
paper papír [pa-peer] m.,
a piece of paper kus papíru,
today's paper dnešní noviny
[dnesh-nyee no-vi-ni]
paradise ráj [ráy] m.
parallel rovnoběžný/á [rov-no-
byezh-nee], **a parallel street**
souběžná ulice [sow-byezh-ná
u-li-tse]
parcel balík [ba-leek] m.
pardon prominutí [pro-mi-nu-
tyee] n., **I beg your pardon**
promiňte, **pardon?** prosím?
[pro-seem]
parents rodiče [ro-dyi-che] pl.
park park m., **may I park here?**

mohu tu parkovat?, **that's a nice park** to je hezký park [to ye hes-kee park]
parking: no parking parkování zakázáno, **parking lights** parkovací světla [par-ko-va-tsee] **parking lot** parkoviště [par-ko-vish-tye], **is there a parking place?** je tu místo na parkování? [ye tu mees-to na par-ko-vá-nye]
parrot papoušek [pa-pow-shek]
parsley petržel [pe-tr-zhel] f.
part část [chást] f., rozdělit
partner (business) partner m., druh/družka [drukh/drush-ka]
party večírek [ve-chee-rek] m., **political party** politická strana [po-li-tits-ká stra-na]
pass přejít [przhe-yeet], **they just passed by** právě přešli [prá-vye przhe-shli], **he/she passed away** zemřel/a [zem-rzhel], **to pass a bill** schválit zákon [skhvá-lit]
passenger cestující [tses-tu-yee-tsee] m.
passion vášeň [vá-shen'] f.
passport (cestovní) pas [tses-tov-nyee pas], **give me your passport, please** váš pas, prosím [vásh pas pro-seem]
past minulý/á, **in the past** v minulosti, **past the house** za domem, **past danger** mimo nebezpečí [ne-bez-pe-chee]
pastry pečivo [pe-chi-vo] n.
patch záplata f., kus m.
path pěšina [pye-shi-na] f.
patient trpělivý/á [tr-pye-li-vee], **you must be patient** musíte být trpělivý [mu-see-te beet tr-pye-li-vee], **I'm a patient of...** jsem pacient.. [sem pa-tsi-yent]
patrol hlídka [hleed-ka] f.
pattern vzor m.
pavement chodník [khod-nyeek]
pay platit [pla-tyit], **I would like to pay** zaplatím, prosím [za-pla-tyeem pro-seem], **can you pay for this?** můžete to

zaplatit? [moo-zhe-te to za-pla-tyit], **it's already paid for** už je zaplaceno [ush ye za-pla-tse-no]
peace mír [meer] m., klid m.
peach broskev [bros-kef] f.
peacock páv m.
pear hruška [hrush-ka] f.
pearl perla f.
peas hrášek [hrá-shek] m.
peculiar podivný/á [po-dyiv-nee]
pedestrian pěší [pye-shee], **pedestrian crossing** přechod pro chodce [przhe-khot pro khot-tse]
peel loupat [low-pat]
peg kolík [ko-leek] m.
pen pero n., **may I borrow your pen?** můžete mi půjčit pero? [moo-zhe-te mi poo-chit pe-ro]
pencil tužka [tush-ka] f.
pen pal: would you like to be my pen pal? chcete si se mnou dopisovat? [khtse-te..]
pension penze f., důchod [doo-khot] m.
people lidé pl., národ m., **a lot of people** mnoho lidí [mno-ho li-dyee]
pepper pepř [peprzh] m., **green pepper** zelená paprika
per za, **...per hour/day/night** ...za hodinu/den/noc [nots]
per cent procento [pro-tsen-to]
perfect dokonalý/á [do-ko-na-lee], **that's perfect!** to je bezvadné! [ye bez-vad-né]
performance představení [przhed-sta-ve-nyee] n.
perfume voňavka [vo-nyaf-ka] f. parfém m.
perhaps snad, možná [mozh-ná]
period období [ob-do-bee] n., perioda f.
perm trvalá ondulace [tr-va-lá on-du-la-tse]
permanent trvalý/á [tr-va-lee]
permit povolení [po-vo-le-nyee] n., dovolit, **permit me..** dovolte mi...
person osoba f.

personal osobní [o-sob-nyee], **there are all my personal things** to všechno jsou mé osobní věci [to fshekh-no sow o-sob-nyee vye-tsi]
perspire potit se
petrol benzín [ben-zeen] m., **petrol station** benzínová pumpa [ben-zee-no-vá pum-pa]
pharmacy lékárna f.
phone telefon m., **may I use the phone?** mohu si zavolat?
photograph fotografie [fo-to-gra-fi-ye] f., **can you take a photograph of me?** můžete mne vyfotografovat? [moo-zhe-te mne vi-fo-to-gra-fo-vat]
piano piano [pi-yá-no] n., klavír [kla-veer] m.
pick sbírat [sbee-rat], **pick up** vyzvednout [vi-zved-nowt], **I'll pick you up at..** vyzvednu vás v.. [vi-zved-nu], **can you pick me up?** můžete pro mne přijít/přijet? [moo-zhe-te przhi-yeet/przhi-yet]
pickles kyselé okurky [ki-se-lé o-kur-ki] pl.
picnic piknik m., **let's have a picnic** uděláme si piknik
picture obraz m.
pie koláč [ko-lách] m.
piece kus m., kousek [kow-sek], **a piece of bread** kousek chleba [kow-sek khle-ba]
pig prase n.,
pigeon holub m.
pile hromada f.
pill prášek [prá-shek] m., kontracepční pilulka [kon-tra-tsep-chnyee] f.
pillow polštář [pol-shtárzh] m., **pillow case** povlak na polštář
pin špendlík [shpen-dleek] m.
pine borovice [bo-ro-vi-tse] f.
pineapple ananas [a-na-nas] m.
pink růžový/á [roo-zho-vee]
pint pinta /0,57 l/
pipe (for smoking) dýmka [deem-ka] f., **water pipe** vodní trubka [vod-nyee trup-ka]
pitcher džbán [dzhbán] m.

pity: **it's a pity** to je škoda [to ye shko-da], **to take pity...** litovat
place místo [mees-to] n., **sorry, this is my place** promiňte, tohle je moje místo [pro-min'-te to-hle ye mo-ye mees-to], **is this place free?** je toto místo volné?, **see you at our place** uvidíme se u nás [u-vi-dyee-me se u nás]
plain prostý/á [pros-tee], **plain food** jednoduchá strava [yed-no-du-khá]
plan plán m., plánovat
plane letadlo [le-tad-lo] n.
plant rostlina f., **industrial plant** továrna f.
plaster omítka [o-meet-ka] f., **plaster (cast)** sádra
plastic umělá hmota [u-mnye-lá hmo-ta], **plastic bag** plastikový sáček [plas-ti-ko-vee sá-chek]
plate talíř [ta-leerzh] m., **small plate** talířek [ta-lee-rzhek]
platform nástupiště [ná-stu-pish-tye] n., **from which platform...?** z kterého nástupiště ..? [skte-ré-ho]
play hrát /si/, hra f.
playground hřiště [hrzhi-shtye]
pleasant příjemný/á [przhee-yem-nee], **that's very pleasant** je to velmi příjemné [ye to przhee-yem-né]
please prosím [pro-seem], **can you help me please?** můžete mi prosím pomoci? [moo-zhe-te mi pro-seem po-mo-tsi], **I'll be pleased to do it** rád/a to udělám [u-dye-lám], **yes please** ano, prosím [pro-seem]
pleasure potěšení [po-tye-she-nyee] n., **with pleasure** s radostí [sra-dos-tyee]
plenty hodně [hod-nye], **plenty of time** dost času [cha-su], **that's plenty, thank you** to je dost, děkuji [to ye dost, dye-ku-yi]

plug zátka f., **electric plug** zástrčka [zás-trch-ka] f., **plugs /in car/** svíčky [sveech-ki] pl.
plum švestka [shvest-ka] f., slíva [slee-va] f., **plum dumplings** švestkové knedlíky [shvest-ko-vé kned-lee-ki]
plumber instalatér [in-sta-la-tér] m.
plus plus, a, více [vee-tse]
p.m. odpoledne [od-po-led-ne] n., večer [ve-cher] m., **at 4 p.m.** ve 4 odpoledne, **at 8 p.m.** v 8 večer
pocket kapsa f.
pocket-book zápisník [zá-pis-nyeek] m.
poem báseň f.
point bod m., ukázat [u-ká-zat] **boiling/freezing point** bod varu/mrazu, **stick to the point!** držte se věci! [drzh-te se vye-tsi], **I'll point to it** ukážu na to [u-ká-zhu], **point-blank** rovnou [rov-now]
poison jed [yet] m., otrava f.
pole kůl [kool] m.
police policie [po-li-tsi-ye] f., bezpečnost [bes-pech-nost] f.
policeman strážník [strázh-nyeek] m., **call the policeman!** zavolejte strážníka! [za-vo-ley-te strázh-nyee-ka]
police station policejní stanice [po-li-tsey-nyee sta-nyi-tse]
policy pojistka [po-yist-ka] f.
polish leštit [lesh-tyit]
polite uctivý/á [uts-tyi-vee], slušný/á [slush-nee]
politics politika f.
pollution znečistění [zne-chis-tye-nyee] n.
pond rybník [rib-nyeek] m.
pool bazén m., **pool of water** louže [low-zhe] f.
poor chudý/á [khu-dee], ubohý/á [u-bo-hee]
pope papež [pa-pesh] m.
poppy (vlčí) mák [vl-chee] m.

popular populární [po-pu-lár-nyee], **popular singer** populární zpěvák/zpěvačka [spye-vák/spye-vach-ka]
population obyvatelstvo [o-bi-va-tel-stvo] n.
porcelain porcelán [por-tse-lán] m.
pork vepřové (maso) [vep-rzho-vé] n., **pork roast** vepřová pečeně [vep-rzho-vá pe-che-nye]
porridge ovesná kaše [o-ves-ná ka-she] f.
port přístav [przhee-staf] m.
porter vrátný [vrát-nee] m., nosič [no-sich] m., **night porter** noční vrátný [noch-nyee vrát-nee], **call a porter please!** zavolejte prosím nosiče! [za-vo-ley-te pro-seem no-si-che]
portion porce [por-tse] f.
Portugal Portugalsko n.
position postavení [po-sta-ve-nyee] n.
possibility možnost [mozh-nost]
possible možný/á [mozh-nee], **it's not possible** to není možné [ne-nyee mozh-né], **is it possible?** je to možné? [ye to mozh-né], **as soon as possible** co nejdříve [tso ney-drzhee-ve]
post pošta [posh-ta] f.
postage poštovné [posh-tov-né], **what's the postage?** kolik je poštovné? [ko-lik ye...]
postcard pohlednice [po-hled-nyi-tse] f., **do you have any postcards of...?** máte nějaké pohlednice...? [má-te nye-ya-ké...]
poster plakát m.
post-office pošta [posh-ta] f.
postpone odložit [od-lo-zhit]
pot nádoba f., hrnec [hr-nets] m., **flower pot** květináč [kvye-tyi-nách] m.
potato brambor m., **boiled potatoes** vařené brambory [va-rzhe-né bram-bo-ri], **potato**

salad bramborový salát [bram-bo-ro-vee]
pottery keramika f.
poultry drůbež [droo-bezh] f.
pound /weight, money/ libra f.
pour lít [leet], sypat [si-pat]
powder prášek [prá-shek] m., pudr [pu-dr] m., **powdered sugar** práškový cukr [prásh-ko-vee tsu-kr]
power síla [see-la] f., energie [e-ner-gi-ye] f., **power cut** vypnutý proud [vip-nu-tee prowt], **power-house** elektrárna [e-lekt-rár-na]
practice praxe f., **in practice** ve skutečnosti [sku-tech-nos-tyi], **out of practice** ze cviku [tsvi-ku]
Prague Praha f.
pram dětský kočárek [dyet-skee ko-chá-rek] m.
pray modlit se
prefer dávat přednost [przhed-nost], **what do you prefer?** čemu dáváte přednost? [che-mu dá-vá-te przhed-nost]
pregnant těhotná [tye-hot-ná]
prepare připravit [przhi-pra-vit]
prescription předpis [przhed-pis] m., recept [re-tsept] m.
present /gift/ dar m., přítomný/á [przhee-tom-nee], **a small present for you** malý dárek pro vás [ma-lee dá-rek], **for the present** pro tentokrát, **at present** nyní [ni-nyee]
president prezident m., předseda [przhed-se-da] m.
press tisk m., žehlit [zheh-lit], **press conference** tisková konference [tyis-ko-vá kon-fe-ren-tse], **it needs to be pressed** to potřebuje vyžehlit [pot-rzhe-bu-ye vi-zheh-lit]
pressure tlak m., **under pressure** pod (ná)tlakem
pretty hezký/á [hes-kee], pěkně [pyek-nye], **it's pretty hot** je pěkně horko [ye pyek-nye hor-ko], **she's pretty** je hezká

price cena [tse-na], **high/low price** vysoká/nízká cena [vi-so-ká/nyees-ká tse-na] f., **at any price** za každou cenu [kazh-dow tse-nu]
prick píchnout [peekh-nowt]
priest kněz [knyes] m.
prime hlavní [hlav-nyee], první [prv-nyee]
principle zásada f.
print tisk [tyisk] m.
priority přednost [przhed-nost]
prison vězení [vye-ze-nyee] n.
private soukromý/á [sow-kro-mee], **in private** důvěrně [doo-vyer-nye]
prize odměna [od-mnye-na] f., cena [tse-na] f.
probably pravděpodobně [prav-dye-po-dob-nye]
problem problém m., **is there any problem?** máte nějaký problém? [nye-ya-kee prob-lém]
product výrobek [vee-ro-bek] m. produkt m.
profession povolání [po-vo-lá-nyee] n.
profit zisk m.
program/me/ program m., plán m.
progress pokrok [po-krok] m.
prohibit zakázat, **smoking prohibited** kouření zakázáno [kow-rzhe-nye za-ká-zá-no]
promise slib m., slíbit [slee-bit], **I'll keep my promise** dodržím své slovo [do-dr-zheem slo-vo], **I promise** slibuji [sli-bu-yi]
promotion povýšení [po-vee-she-nye] n.
pronounce vyslovit [vi-slo-vit] **I can't pronounce it** nemohu to vyslovit, **how do you pronounce it?** jak to vyslovíte? [yak to vi-slo-vee-te]
proof důkaz [doo-kas] m., **you have no proof** nemáte žádný důkaz [zhád-nee doo-kas]
proper správný/á [správ-nee]
property majetek [ma-ye-tek] m.
propose nabídnout [na-beed-nowt]

protect chránit [khrá-nyit]
protection ochrana [o-khra-na]
proud hrdý/á [hr-dee], pyšný/á
[pish-nee], **I'm proud of you**
jsem na tebe/vás pyšný [sem
pish-nee]
prove dokázat
proverb přísloví [przhee-slo-
vee] n.
provide opatřit [o-pat-rzhit]
prunes sušené švestky [su-she-
né shvest-ki] pl.
pub hospoda, **is there any pub?**
je tu někde hospoda? [ye tu
nye-kde hos-po-da]
public veřejný/á [ve-rzhey-nee]
public W.C. (bathroom) veřejné
záchody [ve-rzhey-né zá-kho-di], **in
public** veřejně [ve-rzhey-nye],
public holiday státní svátek
[stát-nyee]
pudding nákyp [ná-kip], pudink

pull tahat, **pull!** táhněte!
[táh-nye-te]
pulse puls m.
pump pumpa f.
punctual přesný/á [przhes-nee]
puncture píchlá pneumatika
[peekh-lá pnew-ma-ti-ka]
punish potrestat
puppet loutka [lowt-ka] f.
pure čistý/á [chis-tee]
purple fialový/á [fi-ya-lo-vee]
purse peněženka [pe-nye-zhen-
ka] f., malá kabelka
push strkat, **don't push me!**
netlačte se! [ne-tlach-te se]
put položit [po-lo-zhit], dát,
put it here/there dejte to
sem/tam [dey-te], **where can I
put it?** kam to mohu dát?, **put
the lights on/off** rozsvit'te/
zhasněte [ros-vit'-te/zhas-
nye-te]
pyjamas pyžama [pi-zha-ma] pl.

Q

quality kvalita [kva-li-ta] f.
good/poor quality dobrá/špat-
ná kvalita [dob-rá/shpat-ná]
quantity množství [mnosh-
stvee] n.
quarantine karanténa f.
quarrel hádka f., hádat se,
don't quarrel nehádejte se
[ne-há-dey-te se]
quarter čtvrt [chtvurt] f.,
quarter of an hour čtvrt
hodiny [chtvurt ho-dyi-ni]
queen královna f.
question otázka f., ptát se,
do you have any questions?
chcete se na něco zeptat?
[khtse-te.. nye-tso zep-tat]

queue fronta /lidí/ [fron-ta
li-dyee], **there is a queue**
je tam fronta [ye tam...]
quick rychlý/á [rikh-lee]
quickly rychle [rikh-le],
come, quickly! pojd'te sem
rychle! [pod'-te rikh-le]
quiet tichý/á [tyi-khee], klid-
ný/á, **be quiet!** ticho!
[tyi-kho]
quit vzdát se, **I'll quit...**
přestanu...[przhe-sta-nu]
quite docela [do-tse-la], **I'm
quite sure** jsem si zcela
jist/a [sem si stse-la yist],
it's quite possible je to do-
cela možné [ye...mozh-né]

R

rabbit králík [krá-leek] m.
race rasa f., závod m., **/horse/
race** dostihy [dos-tyi-hi]

racial rasový/á [ra-so-vee],
racial discrimination
rasová diskriminace

racket raketa f.
radiator /in car/ chladič [khla-dyich] m., radiátor m.
radio rádio [rá-di-yo] n., rozhlas [roz-hlas] m.
radish ředkvička [rzhet-kvich-ka] f.
rail kolej [ko-ley] f.
railroad, railway železnice [zhe-lez-nyi-tse] f., dráha f.
railway station nádraží [ná-dra-zhee] n.
rain déšť [désht'] m., **it's raining** prší [pr-shee], **in the rain** v dešti [vdesh-tyi]
raincoat plášť do deště [plásht do desh-tye]
raisins hrozinky [hro-zin-ki]
rape znásilnit [zná-sil-nyit]
rare vzácný/á [vzáts-nee], **a rare work of art** vzácné umělecké dílo [vzáts-né u-mnye-lets-ké dyee-lo], **rare /steak/** krvavý biftek [kr-va-vee bif-tek]
rash vyrážka [vi-rásh-ka] f.
raspberry malina f.
rat krysa [kri-sa] f.
rate poměr [po-mnyer] m., **rate of exchange** kurs valut, **what's the rate for the dollar?** kolik měníte za dolar? [ko-lik mnye-nyee-te...]
rather: I'd rather have a rest raději bych si odpočinul/a [ra-dye-yi bikh si od-po-chi-nul], **it was rather bad** bylo to dost zlé, **it's rather early** je dost brzo [ye dost br-zo]
raw: raw meat syrové maso [si-ro-vé ma-so], **raw material** surovina [su-ro-vi-na]
ray paprsek [pa-pr-sek] m., **X-ray** Röentgen
razor břitva [brzhit-va] f., **electric razor** elektrický strojek na holení [e-lekt-rits-kee stro-yek na ho-le-nyee]
razor blade žiletka [zhi-let-ka] f.
reach dosáhnout [do-sáh-nowt],

out of reach nedosažitelný/á [ne-do-sa-zhi-tel-nee]
read číst [cheest], **read it out, please** přečtěte to nahlas, prosím [przhech-tye-te to na-hlas pro-seem]
ready hotov/a, **is it ready?** je to hotové? [ye to ho-to-vé] **get ready!** připravte se! [przhi-prav-te-se]
real skutečný/á [sku-tech-nee]
really opravdu [o-prav-du], skutečně [sku-tech-nye], **I'm really hungry** mám opravdu hlad
realtor's realitní kancelář [re-a-lit-nyee kan-tse-lárzh]
rear: at the rear vzadu
reason důvod [doo-vot] m.
reasonable rozumný/á [ro-zum-nee], **the price is reasonable** to je slušná cena [to ye slush-ná tse-na]
receipt potvrzení [pot-vr-ze-nyee] n.
receive přijmout [przhiy-mowt], dostat, **have you received my invitation?** dostal/a jste mou pozvánku? [dos-tal ste mow po-zván-ku]
recently nedávno
reception přijetí [przhi-ye-tyee] n., **reception desk** recepce [re-tsep-tse]
recipe recept [re-tsept] m.
recognize poznat, **do you recognize it?** poznáváte to? [po-zná-vá-te to]
recommend doporučit [do-po-ru-chit], **what can you recommend?** co můžete doporučit? [tso moo-zhe-te do-po-ru-chit], **I can't recommend it** nemohu to doporučit
record gramofonová deska f.
record player gramofón m.
red červený/á [cher-ve-nee]
reduction: price reduction snížení cen [snyee-zhe-nyee tsen], sleva
refresh osvěžit [os-vye-zhit]
refreshment občerstvení [ob-cher-stve-nyee] n.

refrigerator lednička [led-nyich-ka] f.
refund nahradit [na-hra-dyit], **will you give me a refund?** vrátíte mi peníze? [vrá-tyee-te mi pe-nyee-ze]
refuse odmítnout [od-meet-nowt]
regard považovat [po-va-zho-vat], **best regards...** srdečně zdraví... [sr-dech-nye zdra-vee]
region kraj [kray] m.
register zapsat, registrovat, **a registered letter** doporučený dopis [do- po-ru-che-nee do-pis]
regular pravidelný/á [pra-vi-del-nee]
relationship vztah [vstakh] m.
relative příbuzný/á [przhee-buz-nee]
relax odpočinout si [od-po-chi-nowt], **just relax!** jen se nevzrušujte! [yen se ne-zru-shuy-te]
reliable spolehlivý/á [spo-leh-li-vee]
religion náboženství [ná-bo-zhen-stvee] n.
remain zůstat [zoos-tat]
remember pamatovat si, **I remember/ I don't remember** pamatuji si/ nepamatuji si [pa-ma-tu-yi], **I can't remember** nemohu si vzpomenout [spo-me-nowt]
remind: remind me that... připomeňte mi, že... [przhi-po-men'-te mi zhe]
rent nájemné [ná-yem-né] n., činže [chin-zhe], **I'd like to rent an apartment/car** chtěl/a bych si pronajmout byt/auto [khtyel bikh si pro-nay-mowt bit/aw-to], **rent a car** půjčovna aut [poo-chov-na awt], **the rent is too high** to je velmi vysoká činže [ye vi-so-ká chin-zhe]
repair opravit [o-pra-vit], **can you repair it?** můžete to spravit? [moo-zhe-te spra-vit]

repeat opakovat, **repeat it, please** opakujte to, prosím [o-pa-kuy-te to pro-seem]
report ohlásit [o-hlá-sit], oznámit
representative zástupce [zás-tup-tse] m.
republic republika [re-pub-li-ka] f. **Czech Republic** Česká republika [ches-ká]
request žádost [zhá-dost] f.
rescue zachránit [za-khrá-nyit]
research výzkum [vees-kum] m.
reservation záznam [záz-nam] m. rezervace f., **I have a reservation in the name of...** mám tu rezervaci na jméno... [re-zer-va-tsi na mé-no]
reserve rezervovat, zamluvit [za-mlu-vit], **I'd like to reserve a table for two for tonight** chtěl/a bych si zamluvit stůl pro dva na dnes večer [khtyel bikh si za-mlu-vit stool...ve-cher]
responsible zodpovědný/á [zod-po-vyed-nee]
rest odpočinek [od-po-chi-nek] m., klid m., **I'll take a rest** odpočinu si [od-po-chi-nu], **the rest of the day** zbytek dne [zbi-tek]
restaurant restaurace [res-taw-ra-tse] f.
restroom záchod [zá-khot] m., toaleta [to-a-le-ta] f.
result výsledek [vee-sle-dek]
retirement důchod [doo-khot] m. penze f.
return vrátit /se/ [vrá-tyit], **one return to...** jeden zpáteční (lístek) do... [ye-den spá-tech-nyee lees-tek], **I'll return it soon** brzo to vrátím [br-zo to vrá-tyeem]
revenge pomsta [pom-sta] f.
reverse opačný/á [o-pach-nee], rub m., **reverse charge call** hovor na účet volaného [na oo-chet vo-la-né-ho], **reverse gear** zpáteční rychlost [spá-tech-nyee rikh-lost]

review posoudit [po-sow-dyit]
revolution revoluce [re-vo-lu-tse] f.
rib žebro [zheb-ro] n.
ribbon stuha f.
rice rýže [ree-zhe] f., ..**meat with rice** ...maso s rýží [ma-so sree-zhee]
rich bohatý/á [bo-ha-tee], **rich food** tučné jídlo [tuch-né yeed-lo]
ride jízda [yeez-da] f, **to ride a horse/bicycle** jezdit na koni /kole [yez-dyit na ko-nyi/ko-le], **can you give me a ride?** můžete mě svézt? [moo-zhe-te mnye svézt]
ridiculous směšný/á [smnyesh-nee], **don't be ridiculous!** nebuď'te směšný/á! [ne-buď'-te smnyesh-nee]
rifle puška [push-ka] f.
right pravý/á [pra-vee], správný/á [správ-nee], **right hand** pravá ruka, **on the right** napravo, **all right!** dobře! [dob-rzhe], **are you all right?** je vám dobře? [ye vám dob-rzhe], **you are right** máte pravdu, **I have a right to...** mám právo na..., **the right direction...** správný směr... [správ-nee smnyer]
ring prsten [prs-ten] m., zvonit, **wedding ring** snubní prsten [snub-nyee prs-ten], **ring the bell!** zazvoňte! [za-zvon'-te], **I'll ring you up** zatelefonuji vám [za-te-le-fo-nu-yi]
ripe zralý/á [zra-lee]
rise vstát, stoupat [stow-pat]
risky riskantní [ris-kant-nyee]
rival sok m.
river řeka [rzhe-ka] f., **up/down the river** proti/po proudu [pro-tyi/po prow-du]
road silnice [sil-nyi-tse] f., ulice [u-li-tse] f., **is this road...?** je tohle... ulice? [ye to-hle...], **which road is going to...?** která silnice vede do...? [kte-rá sil-nyi-tse ve-de do]
road map silniční mapa [sil-nyich-nyee]
roadside okraj silnice [o-kray sil-nyi-tse]
roadsign silniční značka [sil-nyich-nyee znach-ka]
roast péci [pé-tsi], pečeně [pe-che-nye], **roast beef** hovězí pečeně [ho-vye-zee]
rob okrást, **I've been robbed** byl/a jsem okraden/a [bil sem o-kra-den]
robe róba f.
rock kámen m., **vodka on the rocks** vodka s ledem
roll houska [how-ska] f.
Romania Rumunsko n.
roof střecha [strzhe-kha] f.
room pokoj [po-koy] m., **do you have a room for tonight?** máte volný pokoj na jednu noc? [má-te vol-nee po-koy na yed-nu nots], **can I have a double room for one week?** mohu dostat na týden jeden dvoulůžkový pokoj? [...na tee-den ye-den dvow-loosh-ko-vee po-koy], **sorry, there's no room** bohužel tady není místo [bo-hu-zhel ta- di ne-nyee mees-to]
room service pokojová služba [po-ko-yo-vá sluzh-ba]
rope provaz [pro-vas] m.
rose růže [roo-zhe] f.
rotten zkažený/á [ska-zhe-nee], **I had a rotten day** měl/a jsem mizerný den [mnyel sem mi-zer-nee-den]
rough hrubý/á [hru-bee], **rough weather** drsné počasí [drs-né po-cha-see]
roughly přibližně [przhi-blizh-nye]
round kulatý/á [ku-la-tee], **go round...** jděte kolem..[dye-te ko-lem], **round the table** kolem stolu, **round the corner** za rohem , **round trip** okružní cesta [ok-ruzh-nyee tses-ta]
route cesta [tses-ta] f., trat'

row řada [rzha-da] f., **rowing**
veslování [ves-lo-vá-nyee] n.
rubber guma f.
rubbish smetí [sme-tyee] n.,
rubbish! nesmysl! [ne-smi-sl]
rude drzý/á [dr-zee], **don't be
rude!** nebuď te drzý/á! [ne-
buď'-te dr-zee]
rug rohož [ro-hosh] f.
ruins trosky [tros-ki] pl.
rule pravidlo n., **as a rule**

zpravidla [spra-vid-la]
rum rum m.
run běžet [bye-zhet], utíkat
[u-tyee-kat], **run away!**
utíkejte! [u-tyee-key-te],
I've run out of...došel/šla
mi... [do-shel/do-shla]
Russia Rusko n.
Russian ruský/á [rus-kee] adj.,
Rus m., Ruska f.
rye žito [zhi-to] n.

S

sack pytel [pi-tel] m.
sacrifice oběť' [o-byet'] f.
sad smutný/á [smut-nee]
saddle sedlo n.
safe bezpečný/á [bes-pech-nee]
is it safe here? je tu bez-
pečno? [ye-tu bes-pech-no],
I want to put it in the safe
chci to uložit do sejfu/po-
kladny [khtsi to u-lo-zhit do
sey-fu/po-klad-ni]
safety pin zavírací špendlík
[za-vee-ra-tsee shpen-dleek]
sail lodní plachta [lod-nyee
plakh-ta], plachtit [plakh-
tyit]
sailor námořník [ná-morzh-
nyeek] m.
saint svatý/á [sva-tee]
salad salát m.
salad dressing nálev na salát
salami salám m., **Hungarian
salami** uherský salám [u-her-
skee]
sale: for sale na prodej [pro-
dey], **sale** výprodej [vee-pro-
dey], **this is not for sale**
toto není na prodej [ne-nyee
na pro-dey]
salesman/woman prodavač/ka
[pro-da-vach] m., f.
salmon losos m.
salt sůl [sool] f.
salty slaný/á [sla-nee]
same stejný/á [stey-nee], týž/
táž [teesh/tásh], **it's all**

the same to me je mi to jedno
[ye mi to yed-no], **the same,
please** totéž, prosím [to-tésh,
pro-seem], **at the same time**
zároveň [zá-ro-ven']
sample vzorek m., **do you have
any sample?** máte nějaký vzo-
rek? [nye-ya-kee vzo-rek]
sand písek [pee-sek] m.
sandals sandály [san-dá-li] pl.
sandwich obložený chlebíček
[ob-lo-zhe-nee khle-bee-chek]
sardines olejovky [o-le-yof-ki]
pl., sardinky [sar-din-ki] pl.
satisfy vyhovět [vi-ho-vyet],
are you satisfied? jste spoko-
jen/a? [ste spo-ko-yen]
Saturday sobota f.
sauce omáčka [o-mách-ka] f.
saucepan pánvička [pán-vich-ka]
saucer talířek [ta-lee-rzhek]
sauerkraut kyselé zelí [ki-se-
lé ze-lee] n.
sausage klobása f.
save zachránit [za-khrá-nyit],
ušetřit [u-shet-rzhit], **I have
to save /money/** musím šetřit
[mu-seem shet-rzhit]
savings úspory [oos-po-ri] pl.
say říci [rzhee-tsi], povídat
[po-vee-dat], **they say** povídá
se, **what did you say?** co jste
řekl/a? [tso ste rzhe-kl], **how
do you say...?** jak řeknete...?
[yak rzhek- ne-te]
scar jizva [yiz-va] f.

scare polekat, **don't be scared** nelekejte se [ne-le-key-te]
scarf šátek [shá-tek] m.
scenery krajina [kra-yi-na] f.
scent vůně [voo-nye] f.
schedule rozvrh [roz-vrkh] m., **it's/it's not on my schedule** mám/nemám to v plánu [fplá-nu]
school škola [shko-la] f., **where do you go to school?** kam chodíte do školy? [kho-dyee-te do shko-li]
science věda [vye-da] f.
scissors nůžky [noosh-ki] pl.
score výsledek zápasu [vee-sle-dek], **what's the score?** jaké je skóre? [ya-ké ye skó-re]
Scotland Skotsko n.
scrambled eggs míchaná vejce [mee-kha-ná vey-tse]
scratch škrábat [shkrá-bat]
scream křičet [krzhi-chet]
screen zástěna [zá-stye-na] f., obrazovka f.
screw šroub [shrowp] m.
screw-driver šroubovák [shrow-bo-vák] m.
sea moře [mo-rzhe] n., **across the sea** za mořem [mo-rzhem]
seafood mořské ryby [morzh-ské ri-bi], **seafood restaurant** rybí restaurant [ri-bee]
seagull racek [ra-tsek] m.
search hledat, pátrání [pá-trá-nyee] n.
seaside mořské pobřeží [morzh-ské po-brzhe-zhee]
season období [ob-do-bee] n., sezóna f., **spring season** jarní období [yar-nyee], **high/low season** hlavní sezóna/mimo sezónu /hlav-nyee se-zó-na]
seasoning koření [ko-rzhe-nyee]
seat sedadlo n., posadit se [po-sa-dyit], **this is my seat** tohle je mé místo [to-hle ye mé mees-to], **have a seat** posaďte se
second druhý/á [dru-hee], vteřina [fte-rzhi-na] f., **second class** druhá třída [dru-há trzhee-da], **just a second!**

jenom vteřinku! [ye-nom fte-rzhin-ku]
second-hand použitý/á [po-u-zhi-tee]
secret tajemství [ta-yem-stvee] n., **a secret place** tajné místo [tay-né mees-to], **in secret** tajně [tay-nye]
section část [chást] f.
security bezpečnost [bes-pech-nost] f., záruka f.
seduce svádět [svá-dyet]
see vidět [vi-dyet], **have you seen...?** neviděl/a jste...? [ne-vi-dyel], **I see** to chápu [khá-pu], **come to see me** přijd'te se na mne podívat [przhid'-te...po-dyee-vat], **can I see it?** mohu se podívat? **see you tomorrow** nashledanou zítra [nas- khle- da- now zeet-ra], **I'll see to it** postarám se o to
seed zrno [zr-no] n.
seem zdát se, **it seems to me...** zdá se mi...
selection výběr [vee-byer] m., **a good selection of...** dobrý výběr... [dob-ree vee-byer]
self sám, sama, samo
selfish sobecký/á [so-bets-kee]
self-service samoobsluha [sa-mo ob-slu-ha] f.
sell prodat, **I would like to sell...** rád/a bych prodal/a... [rát bikh pro-dal], **can you sell it?** můžete to prodat? [moo-zhe-te to pro-dat]
Scotch tape lepicí páska [le-pi-tsee pás-ka] f.
send poslat, **can you send it for me?** můžete to pro mě poslat? [moo-zhe-te...pos-lat]
senior starší [star-shee], **senior citizen** penzista/ka
sensation senzace [sen-za-tse]
sense smysl [smi-sl] m., **common sense** zdravý rozum [zdra-vee ro-zum], **it doesn't make any sense** to nedává žádný smysl [zhád-nee smi-sl]
sensible rozumný/á [ro-zum-nee]

sensitive citlivý/á [tsit-li-vee]

sentence věta [vye-ta] f., **/in court/** rozsudek [roz-su-dek]

separate oddělený/á [od-dye-le-nee], **we need separate rooms** chceme každý pokoj zvlášť' [khtse-me kazh-dee po-koy zvlásht'], **we are separated** rozešli jsme se [ro-ze-shli sme se]

September září [zá-rzhee] n.

Serbia Srbsko [srb-sko] n.

serious vážný/á [vázh-nee], **are you serious?** myslíte to vážně? [mis-lee-te to vázh-nye], **I'm not serious** nemyslím to vážně [ne-mis-leem]

serve obsloužit [ob-slow-zhit], servírovat [ser-vee-ro-vat], **the dinner is served...** večeře se podává [ve-che-rzhe se po-dá-vá]

service obsluha f., servis m., **the service was very good/bad** obsluha byla velmi dobrá/špatná [ob-slu-ha bi-la dob-rá/shpat-ná], **is there any car service?** je tu někde auto dílna? [ye tu nye-kde aw-to dyeel-na]

serviette ubrousek [u-brow-sek]

session zasedání [za-se-dá-nyee] n.

set: to set the time nařídit hodinky [na-rzhee-dyit ho-dyin-ki], **I have to set off** musím se vydat na cestu [mu-seem se vi-dat na tses-tu], **a set of...** souprava... [sow-pra-va]

setback nezdar m., nehoda f.

settle usadit se [u-sa-dyit]

several několik [nye-ko-lik], **several times** několikrát [nye-ko-li-krát]

sew šít [sheet], ušít [u-sheet]

sex sex, pohlaví [po-hla-vee]

sexual sexuální [se-xu-ál-nyee] **sexual intercourse** pohlavní styk [po-hlav-nyee stik]

shade stín [styeen] m., chládek

[khlá-dek], **in the shade** ve stínu [ve styee-nu]

shadow /vržený/ stín [vr-zhe-nee styeen]

shake třást [trzhást], **to shake hands** potřást si rukou [po-trzhást si ru-kow]

shall budu...

shame hanba f., ostuda f., **it's a shame!** to je hanba! [to ye han-ba]

shampoo šampon [sham-pon] m., **a shampoo and a haircut, please** umýt a ostříhat /vlasy/ prosím [u-meet a os-trzhee-hat vla-si pro-seem]

shape tvar m., forma f., **you are in a great shape** jste v báječné formě [ste vbá-yech-né for-mnye]

share podíl [po-dyeel] m., rozdělit se [roz-dye-lit], **let's share it** rozdělme se [roz-dyel- me se]

shark žralok [zhra-lok] m.

sharp ostrý/á [os-tree], **I need a sharp knife** potřebuji ostrý nůž [pot-rzhe-bu-yi os-tree noosh], **at six o'clock sharp** přesně v šest /hodin/ [przhes-nye fshest ho-dyin]

shave holit /se/, **I need a shave** potřebuji oholit [pot-rzhe-bu-yi o-ho-lit]

shaving brush štětka na holení [shtyet-ka na ho-le-nyee]

shaving soap holicí mýdlo [ho-li-tsee meed-lo]

shawl šál [shál] m.

she ona [o-na], **she is there** ona je tam [o-na ye tam], **who is she?** kdo je to? [kdo ye to]

sheep ovce [of-tse] f., pl.

sheet prostěradlo [pro-stye-rad-lo] n., **a sheet of paper** list papíru [list pa-pee-ru]

shelf police [po-li-tse] f.

shell lastura f.

shelter útulek [oo-tu-lek] m.

shiny lesklý/á [lesk-lee]

ship loď' f., **by ship** lodí [lo-dyee]

shirt košile [ko-shi-le] f.,
is it a cotton shirt?   je to
bavlněná košile? [ye to ba-
vl-nye-ná ko-shi-le]
shiver chvět se [khvyet]
shock rána f., šok [shok] m.,
it shocked me, that...poděsi-
lo mne, že [po-dye-si-lo mne
zhe]
shoe střevíc [strzhe-veets] m.
bota f., **can you repair my
shoes?** můžete mi spravit boty?
[moo-zhe-te mi spra-vit bo-ti]
shoe-laces tkaničky do bot
[tka-nyich-ki] pl.
shoot střílet [strzhee-let]
shop krám m., obchod [ob-khot]
m., **where is the nearest shop?**
kde je tu nejbližší krám? [kde
ye tu ney-bli-shee krám]
shopping nakupování [na-ku-po-
vá-nyee] n., **to go shopping**
nakupovat
shore břeh [brzhekh] m.
short krátký/á [krát-kee], malý
/á [ma-lee], **in short** zkrátka,
I'm short of money nemám dost
peněz [pe-nyes]
shortly brzy [br-zi], **he/she
comes shortly** příjde brzy
[przhee-de br-zi]
shorts šortky [short-ki] pl.
should bych...[bikh], **we should
go** měli bychom jít [mnye-li
bi-khom yeet]
shoulder rameno n.
shout volat, **don't shout at me!**
nekřičte na mě! [ne-krzhich-te
na mnye]
shovel lopata f.
show ukázat, **can you show me
the way to...** můžete mi ukázat
cestu... [moo-zhe-te-mi u-ká-
zat tses-tu], **show me please..**
ukažte mi prosím.. [u-kash-te]
a dog show výstava psů [vees-
ta-va psoo]
shower sprcha [spr-kha] f., **is
the room with shower?** má ten
pokoj sprchu? [po-koy spr-khu]
shrimps krevety [kre-ve-ti] pl.
shrink srazit se, **does it**

shrink? sráží se to? [srá-zhee
se to]
shrub keř [kerzh] m.
shut zavřít [za-vrzheet], **shut
the door!** zavřete! [za-vrzhe-
te], **shut up!** drž hubu! /**very
rude**/
shy nesmělý/á [ne-smnye-lee],
he/she is very shy velice se
stydí [ve-li-tse se sti-dyee]
sick nemocný/á [ne-mots-nee],
I feel sick je mi špatně [ye
mi shpat-nye]
side strana f., **on the other
side** na druhé straně [stra-
nye], **side by side** vedle sebe
sidewalk chodník [khod-nyeek]
sight pohled m., **at first sight**
na první pohled [na prv-nyee
po-hlet]
sightseeing prohlídka památek
[pro-hleed-ka]
sign znamení [zna-me-nyee] n.,
can you sign it here? můžete
to podepsat? [moo-zhe-te to
po-dep-sat]
signal signál m.
signature podpis m., **your
signature, please** váš podpis,
prosím [vásh pod-pis pro-seem]
silence mlčení [ml-che-nyee] n.
silence!! ticho!! [tyi-kho]·
silk hedvábí [hed-vá-bee] n.,
a silk scarf hedvábný šátek
[hed-váb-nee shá-tek]
silly hloupý/á [hlow-pee], **it's
a silly question!** to je hloupá
otázka! [to ye hlow-pá o-tás-
ka]
silver stříbro [strzhee-bro] n.
similar podobný/á [po-dob-nee]
simple jednoduchý/á [yed-no-du-
khee], prostý/á [pros-tee]
sin hřích [hrzheekh] m.
since od té doby [do-bi], **since
the morning** od rána, **since
I've met you** od té doby co
jsem vás potkal/a [tso sem vás
pot-kal]
sincere upřímný/á [u-przheem-
nee]
sing zpívat [spee-vat]

singer zpěvák/ačka [spye-vák, spye-vach-ka] m., f.
single jednotlivý/á [yed-not-li-vee], **do you have a single room?** máte jednolůžkový pokoj? [yed-no-loosh-ko-vee po-koy], **are you single?** jste svobodný /á? [ste svo-bod-nee]
sink klesat, potopit se, **a kitchen sink** výlevka [vee-lef-ka]
sir pan m., **can you wait, sir?** pane, můžete počkat? [pa-ne moo-zhe-te poch-kat]
sister sestra [ses-tra] f., **I have one sister** mám jednu sestru [yed-nu ses-tru]
sister-in-law švagrová [shvag-ro-vá]
sit sedět [se-dyet], **sit down** posad'te se [po-sad'-te se]
sitting-room obývací pokoj [o-bee-va-tsee po-koy]
situation situace [si-tu-a-tse]
size velikost f., **what size do you have?** jakou máte velikost? [ya-kow ve-li-kost], **small/large size** malá/velká velikost
skate bruslit, **skates** brusle pl
ski lyžovat [li-zho-vat], **skis** lyže [li-zhe] pl.
skin kůže [koo-zhe] f.
skinny hubený/á [hu-be-nee]
skirt sukně [suk-nye] f.
sky obloha f., nebe n., **blue sky** modré nebe [mod-ré ne-be]
slacks kalhoty [kal-ho-ti] pl.
Slav slovanský/á [slo-van-skee]
slave otrok/yně [o-trok/o-tro-ki-nye] m., f.
sled saně [sa-nye] pl.
sleep spát, **I slept very well** spal/a jsem velmi dobře [spal sem dob-rzhe], **I couldn't sleep** nemohl/a jsem spát [ne-mo-hl sem spát]
sleeping spaní [spa-nye] n., **sleeping bag** spací pytel [spa-tsee pi-tel], **sleeping car** spací vůz [spa-tsee voos], **sleeping pill** prášek na spaní [prá-shek na spa-nye]

sleepy ospalý/á [o-spa-lee], **I'm not sleepy** nejsem ospalý [ney-sem o-spa-lee]
sleeve rukáv m., **with long/short sleeves** s dlouhými/krátkými rukávy [dlow-hee-mi/krát-kee-mi ru-ká-vi]
slice plátek m., **slice of bread** krajíc chleba [kra-yeets khle-ba], **two slices of ham** dva plátky šunky [plát-ki shun-ki]
slide klouzat, diapozitiv
slightly trochu [tro-khu]
slim štíhlý/á [shtyeeh-lee]
slip uklouznout [u-klow-znowt], **slip /underwear/** kombiné n.
slippers trepky [trep-ki] pl.
slippery kluzký/á [klus-kee]
Slovak slovenský/á [slo-ven-skee] adj., Slovák m., Slovenka f.
Slovakia Slovensko n.
slow pomalý/á [po-ma-lee], **can you slow down?** můžete zpomalit? [moo-zhe-te spo-ma-lit], **my watch is slow** jdou mi pozadu hodinky [dow mi po-za-du ho-dyin-ki]
slowly pomalu, **speak slowly, please** mluvte pomalu, prosím [mluf-te po-ma-lu pro-seem]
small malý/á [ma-lee]
smart elegantní, **you look smart** vypadáte elegantně [vi-pa-dá-te e-le-gan-tnye]
smell vůně [voo-nye] f., zápach [zá-pakh] m., **that's a lovely/bad smell** to krásně voní/hrozně zapáchá [krás-nye vo-nyee/ hroz-nye za-pá-khá]
smile usmívat se [us-mee-vat]
smoke kouř [kowrzh] m., kouřit [kow-rzhit], **may I smoke here?** mohu si zakouřit?, **smoking /no smoking** kuřáci/nekuřáci [ku-rzhá-tsi/ne-ku-rzhá-tsi], **smoked ham** uzené [u-ze-né]
snack svačina [sva-chi-na] f. občerstvení [ob-cher-stve-nyee] n.
snack-bar automat m.
snake had m.

snore chrápat [khrá-pat]
snow sníh [snyeekh] m., **it's
snowing** sněží [snye-zhee]
so tak, tedy [te-di], **and so on**
a tak dále, **so far** doposud,
would you be so kind... byl/a
byste tak laskav/a...[bil bis-
te tak las-kaf], **I'm so happy**
jsem tak šťastný/á [sem tak
shtyast-nee], **not so much** ne
tolik
soak namočit [na-mo-chit]
soap mýdlo [meed-lo] n.
sober střízlivý/á [strzhee-zli-
vee]
soccer kopaná f.
society společnost [spo-lech-
nost] f.
sock ponožka [po-nosh-ka] f.,
a pair of socks pár ponožek
[pár po-no-zhek]
soda soda f., **soda water**
sodovka [so-dof-ka] f.
sofa pohovka f.
soft měkký/á [mnye-kee], **it's
very soft** to je jemné [to ye
yem-né], **soft drink** nealkoho-
lický nápoj   [ne-al-ko-ho-
lits-kee ná-poy]
soil půda [poo-da] f., země
[ze-mnye] f.
sold out vyprodáno [vi-pro-
dá-no]
soldier voják [vo-yák] m.
sole /part of foot/ chodidlo
[kho-dyid-lo] n.,   **can you
repair these soles?**   můžete
opravit tyhle podrážky? [moo-
zhe-te o-pra-vit ti-hle pod-
rásh-ki]
solid pevný/á [pev-nee], so-
lidní [so-lid-nyee]
solve rozluštit [roz-lush-tyit]
our problem is solved náš pro-
blém je vyřešen [násh ...ye
vi-rzhe-shen]
some nějaký/á [nye-ya-kee],
něco [nye-tso], **bring me some
bread**   přineste mi nějaký
chleba [przhi-nes-te mi nye-
ya-kee khle-ba], **some of us**
někteří z nás [nye-kte-rzhee]

somebody, someone někdo [nye-
kdo], **someone is coming** někdo
přichází [nye-kdo przhi-khá-
zee]
something něco [nye-tso], **I
need something to eat/drink**
potřebuji se najíst/napít
[pot-rzhe-bu-yi se na-yeest/
na-peet]
sometimes někdy [nye-kdi], **call
me sometime** zavolejte mi ně-
kdy [za-vo-ley-te nye-kdi]
somewhere někde [nye-kde]
son syn [sin] m., **I have two
sons** mám dva syny [si-ni]
song píseň [pee-sen'] f.,
a folk song národní píseň
son-in-law zeť' m.
soon brzo [br-zo], **come back
soon** vrať'te se brzo , **as soon
as**... jakmile [yak-mi-le]
sore bolavý/á   [bo-la-vee],
sore throat bolest v krku
[bo-lest fkr-ku], **my knee is
sore** mám bolavé koleno
sorrow smutek m.
sorry: sorry!! promiňte!! [pro-
min'-te], **I'm sorry**...lituji/
bohužel [li-tu-yi/bo-hu-zhel]
sort druh m.,   **a sort of**...
jakýsi [ya-kee-si], **nothing of
the sort** nic takového [nyits
ta-ko-vé-ho]
soul duše [du-she] f.
sound zvuk m.
soup polévka [po-léf-ka] f.,
what sort of soup is it? jaká
je to polévka? [ya-ká ye to
po-léf-ka]
sour kyselý/á [ki-se-lee]
south jih [yikh] m.,   **to the
south** na jih
southern jižní [yizh-nyee]
spa lázně [láz-nye] pl.
space prostor m., místo [mees-
to] n., **there is no space** není
tam místo [ne-nyee mees-to]
spade lopata f., **a garden spade**
zahradní rýč   [za-hrad-nyee
reech]
Spain Španělsko [shpa-nyel-sko]
spare ušetřit [u-shet-rzhit]

spare part náhradní součástka
[ná-hrad-nyee sow-chást-ka],
spare tire rezervní pneumatika
[re-zerv-nyee pnew-ma-ti-ka]
sparrow vrabec [vra-bets] m.
spasm křeč [krzhech] f.
speak mluvit, **I don't speak
Czech** nemluvím česky [ne-mlu-
veem ches-ki], **I speak a lit-
tle...** mluvím trochu... [mlu-
veem tro-khu], **do you speak
English?** mluvíte anglicky?
[mlu-vee-te an-glits-ki], **can
you speak slowly?** můžete mlu-
vit pomalu? [moo-zhe-te mlu-
vit po-ma-lu], **can I speak
with Mr. .../Mrs. ...** mohu
mluvit s panem.../s paní...
special zvláštní [zvlásht-nyee]
speciální [spe-tsi-ál-nyee]
speech proslov m.
speed rychlost [rikh-lost] f.,
what is the speed limit? jaká
je dovolená rychlost? [ya-ká
ye do-vo-le-ná rikh-lost]
spell slabikovat, kouzlo [kow-
zlo] n., **how do you spell it?**
jak se to píše? [yak ...pee-
she], **spell-bound** okouzlený/á
[o-kow-zle-nee]
spend strávit,   utratit,
to spend vacation   strávit
dovolenou [strá-vit do-vo-le-
now], **to spend money** utratit
peníze [u-tra-tyit pe-nyee-ze]
spice koření [ko-rzhe-nyee], **is
it spicy?** je to kořeněné? [ye
to ko-rzhe-nye-né]
spider pavouk [pa-vowk] m.
spinach špenát [shpe-nát] m.
spine páteř [pá-terzh] f.
spirit duch [dukh] m., **in high
spirits** v dobré náladě [ná-la-
dye], **spirits** lihoviny [li-ho-
vi-ni]
splinter tříska [trzhees-ka] f.
spoil zkazit
sponge houba na mytí [how-ba na
mi-tyee], **sponge-cake** piškot
[pish-kot]
spoon   lžíce   [zhee-tse] f.,
teaspoon malá lžička [zhich-

ka], **tablespoon** polévková
lžíce [po-léf-ko-vá]
sport sport m.
spot místo [mees-to] n.
spouse manžel/ka [man-zhel,
man-zhel-ka] m., f.
spray postřik [pos-trzhik] m.,
hair-spray lak na vlasy
spread: to spread on... namazat
bed-spread pokrývka [po-kreef-
ka]
spring jaro [ya-ro] n., skákat,
in spring-time na jaře [na ya-
rzhe], **spring up** vyskočit [vi-
sko-chit]
spy špión [shpi-yón] m.
square čtverec [chtve-rets] m.,
náměstí [ná-mnyes-tyee] n.
Old-Town Square Staroměstské
náměstí [sta-ro-mnyest-ské]
squeeze mačkat [mach-kat]
squirrel veverka f.
stadium stadión [sta-di-yón] m.
stage jeviště [ye-vish-tye] n.
stain skvrna [skvur-na] f.
stairs schody [skho-di] pl.
stale:stale bread starý   chléb
[sta-ree khlép]
stamp /poštovní/ známka [posh-
tov-nyee znám-ka] f., **five/ten
stamps to...** pět/deset známek
do...
stand stát, **stand up** vstát,
stand up!! postavte se!! [po-
staf-te], **I can't   stand it**
nemohu to vystát   [vi-stát],
tobacco stand trafika
star hvězda [hvyez-da] f.
starch škrob [shkrop] m.
start začít [za-cheet], začátek
[za-chá-tek] m.,   **what time
does it start?** kdy to začíná?
[kdi to za-chee-ná]
starve hladovět [hla-do-vyet]
state stát m.
station stanice [sta-nyi-tse] f.
bus station stanice   autobusu
railroad station nádraží [ná-
dra-zhee]
stationery papírnictví   [pa-
peer-nyts-tvee] n.
statue socha [so-kha] f.

stay zůstat [zoos-tat], pobyt [po-bit] m., **how long can I stay here?** jak dlouho tu mohu zůstat? [yak dlow-ho... zoos-tat], **where are you going to stay?** kde budete bydlet? [bid-let], **I enjoyed my stay here very much** velmi jsem to zde užil/a [...sem ...u-zhil/a]

steak biftek m.

steal krást, **my cash was stolen** ukradli mně peníze [u-krad-li mnye pe-nyee-ze]

steam pára f., **steam-boat** parník [par-nyeek] m.

steel ocel [o-tsel] f.

steering-wheel volant m.

step krok m., schod [skhot] m., **step by step** krok za krokem

stew dušené maso [du-she-né], **beef stew** guláš [gu-lásh]

stick hůl [hool] f., **to stick a stamp on..**nalepit známku

still stále, ještě [yesh-tye], **I'm still here** jsem ještě tady [sem yesh-tye ta-di]

stink zapáchat [za-pá-khat], smrad m.

stocking punčocha [pun-cho-kha] f., **a pair of stockings** pár punčoch

stomach žaludek [zha-lu-dek] m. **I have a stomach-ache** bolí mě žaludek [bo-lee mnye zha-lu-dek]

stone kámen m.

stop zastavit /se/, zastávka f. **stop here/over there** zastavte tady/tamhle [zas-taf-te ta-di/ tam-hle], **where is the bus stop..?** kde je zastávka autobusu..? [kde ye zas-táf-ka aw-to-bu-su], **stop it!** přestaňte! [przhes-tan'-te]

store obchod [ob-khot] m., krám m., **store-room** skladiště [skla-dyish-tye] n.

storm bouřka [bowrzh-ka] f.

story povídka [po-veed-ka] f., **it's a nice story** to je hezký příběh [hes-kee przhee-byekh]

stove kamna pl., sporák m.

straight rovný/á [rov-nee], přímo [przhee-mo], **go straight on!** jděte pořád rovně [dye-te po-rzhát rov-nye]

strange cizí [tsi-zee], **that's strange** to je divné [to ye dyiv-né]

stranger cizinec [tsi-zi-nets] m., nováček [no-vá-chek] m.

straw sláma f.

strawberry jahoda [ya-ho-da] f. **strawberries and cream** jahody se šlehačkou [ya-ho-di se shle-hach-kow]

stream potok m.

street ulice [u-li-tse] f., **what street is it?** která je to ulice? [kte-rá ye to u-li-tse] **is it a main street?** je to hlavní ulice? [ye to hlav-nyee u-li-tse]

streetcar tramvaj [tram-vay] f.

stress tlak m., **stress /disease/** přepracování [przhe-pra-tso-vá-nyee]

stretcher nosítka [no-seet-ka]

strict přísný/á [przhees-nee]

strike uhodit, **to be on strike** stávkovat [stáf-ko-vat]

string provázek m., struna f.

strip, stripe pruh m.

stroke mrtvice [mrt-vi-tse] f.

strong silný/á [sil-nee], pevný/á [pev-nee], **he's very strong** je velmi silný [ye sil-nee], **is it strong enough?** je to dost pevné/silné?

stubborn tvrdohlavý/á [tvr-do-hla-vee]

student student/ka m., f., **how many students...?** kolik studentů...? [stu-den-too]

study studovat

stupid hloupý/á [hlow-pee], **a stupid idea** hloupý nápad [hlow-pee ná-pat]

style styl [stil] m.

subject předmět [przhed-mnyet]

subsidy podpora f., subvence [sub-ven-tse] f.

substitute náhrada f.

suburb předměstí [przhed-mnyes-tyee] n.
subway metro n., podchod [pod-khot] m.
success úspěch [oos-pyekh] m., I wish you a great success! přeji vám velký úspěch! [przhe-yi vel-kee oos-pyekh]
such takový/á [ta-ko-vee]
suddenly najednou [na-yed-now]
sue žalovat [zha-lo-vat], I'm going to sue... budu žalovat..
suffer trpět [tr-pyet]
sufficient dostatečný/á [dos-ta-tech-nee], it's sufficient to stačí [to sta-chee]
sugar cukr [tsu-kr] m.
suggest navrhovat [na-vr-ho-vat], it was suggested.. bylo navrženo.. [bi-lo na-vr-zhe-no], what do you suggest? co navrhujete? [tso na-vr-hu-ye-te]
suicide sebevražda [se-be-vrazh-da] f.
suit oblek m., hodit se, a man's suit pánský oblek [pán-skee ob-lek], that suits me very well to se mi výborně hodí [...vee-bor-nye ho-dyee] does it suit me? sluší mi to? [slu-shee...]
suitable vhodný/á [vhod-nee], a suitable place vhodné místo [vhod-né mees-to]
suit-case kufr [ku-fr] m., where is my suit-case? kde je můj kufr? [kde ye mooy ku-fr]
sum obnos [ob-nos] m., součet [sow-chet] m.
summer léto n., I'm going to travel in the summer v létě hodlám cestovat [vlé-tye hod-lám tses-to-vat]
sun slunce [slun-tse] n., would you like to sit in the sun? chcete sedět na slunci? [khtse-te se-dyet na slun-tsi]
sunbathe slunit se [slu-nyit]
sunburnt opálený/á [o-pá-le-nee]
Sunday neděle [ne-dye-le] f.,

see you on Sunday uvidíme se v neděli [u-vi-dyee-me se vne-dye-li]
sunglasses brýle proti slunci [bree-le pro-tyi slun-tsi]
sunrise východ slunce [vee-khot slun-tse]
sunset západ slunce [zá-pat slun-tse]
sun-stroke úžeh [oo-zhekh] m.
sun-tan opálení [o-pá-le-nyee]
suntan lotion krém na opalování [o-pa-lo-vá-nyee]
super: that's super! to je bezvadné! [to ye bez-vad-né]
superb nádherný/á [nád-her-nee]
supermarket samoobsluha [sa-mo-ob-slu-ha] f.
superstitious pověrčivý/á [po-vyer-chi-vee]
supper večeře [ve-che-rzhe] f.
supply zásoba f.
suppose domnívat se [dom-nyee-vat]
sure jistý/á [yis-tee], jistě [yis-tye], sure enough určitě [ur-chi-tye], I'm sure of it jsem si tím jist/a [sem si tyeem yist], are you sure? jste si jistý/á? [ste si yis-tee]
surface povrch [po-vrkh] m.
surname příjmení [przhee-me-nyee] n.
surprise překvapení [przhe-kva-pe-nyee] n, I'm surprised jsem překvapen/a [sem przhe-kva-pen]
survive přežít [przhe-zheet]
suspect podezřívat [po-dez-rzhee-vat], tušit [tu-shit]
swallow polykat [po-li-kat]
swan labuť' f.
swear přísahat [przhee-sa-hat]
sweat pot m.
sweater svetr m., a man's/lady's sweater pánský/dámský svetr [pán-skee / dám-skee sve-tr]
Sweden Švédsko [shvéd-sko] n.
sweep zametat
sweet sladký/á [slat-kee]

sweets cukroví [tsu-kro-vee] n.
swell otéci [o-té-tsi], **my hand/foot is swollen** mám oteklou ruku/nohu [o-tek-low]
swim plavat, **do you like swimming?** plavete rád/a?, **I don't know how to swim** neumím plavat [ne-u-meem pla-vat]
swimming-pool bazén m., **an indoor swimming-pool** krytý bazén [kri-tee ba-zén]
swim-suit plavky [plaf-ki] pl.

swindle podvod m.
swine svině [svi-nye] f.
swing houpat se [how-pat]
switch vypínač [vi-pee-nach] m. **switch it on/off!** zapněte to/ vypněte to! [zap-nye-te/vip-nye-te]
Switzerland Švýcarsko [shvee-tsar-sko] n.
sympathy: my sympathy upřímnou soustrast [u-przheem-now sow-strast]

T

table stůl [stool] m., **is this table free?** je tenhle stůl volný? [ye ten-hle stool vol-nee], **a table by the window** stůl u okna [stool u ok-na]
table-cloth ubrus [u-brus] m.
tag cedulka [tse-dul-ka] f.
tail ocas [o-tsas] m., sledovat
tailor krejčí [krey-chee] m., **do you know any good tailor?** znáte nějakého dobrého krejčího? [..nye-ya-ké-ho.. krey-chee-ho]
take vzít [vzeet], brát, **take it away!** odneste to! [od-neste], **can you take me there?** můžete mě tam vzít? [moo-zhe-te mnye tam vzeet], **take it with you** vezměte si to s sebou [vez-mnye-te..se-bow] **I'll take it** vezmu si to, **it takes too long** trvá to velmi dlouho [tr-vá.... dlow-ho], **do you take traveler's checks?** berete cestovní šeky? [be-re-te tses-tov-nyee she-ki], **take off your coat, please** svlékněte si kabát, prosím [svlék-nye-te], **the plane took off...** letadlo odletělo...[le-tad-lo od-le-tye-lo]
talk hovořit [ho-vo-rzhit], mluvit, **talk to me** mluvte se mnou [mluf-te se mnow], **talk to the point!** mluvte k věci!

[mluf-te kvye-tsi]
tall vysoký/á [vi-so-kee], velký/á [vel-kee], **is he/she tall?** je vysoký/á? [ye vi-so-kee]
tampons tampony [tam-po-ni] pl.
tan opálit se [o-pá-lit]
tangerine mandarínka [man-da-reen-ka] f.
tank tank m., **gas-tank** benzinová nádrž [ben-zi-no-vá ná-drzh]
tape páska f., pásek m.
tape-recorder magnetofon m.
taste chut' [khut'] f., vkus [fkus] m., **it tastes very good** chutná to výborně [khut-ná to vee-bor-nye], **he/she has a good taste** má dobrý vkus [má dob-ree fkus]
tax daň f.
taxi taxi n., **can you call me a taxi?** můžete mi zavolat taxi? [moo-zhe-te...]
tea čaj [chay] m., **cup of tea, please** šálek čaje, prosím [shá-lek cha-ye pro-seem]
teach učit [u-chit], vyučovat [vi-u-cho-vat], **does he/she teach Czech?** vyučuje češtinu? [vi-u-chu-ye chesh-tyi-nu]
teacher učitel/ka [u-chi-tel/ ka] m., f., **she is a good teacher** je to dobrá učitelka [ye... u-chi-tel-ka]

team tým [teem] m.
teapot čajník [chay-nyeek] m.
tear roztrhat [ros-tr-hat]
teaspoon lžička [zhich-ka] f.
teenager chlapec/dívka [khla-pets/dyeef-ka] m., f.
telegram telegram m., **I need to send a telegram to...** potřebuji poslat telegram do.. [pot-rzhe-bu-yi pos-lat...]
telephone telefon m., **where is the nearest telephone?** kde je tu nejbližší telefon? [kde ye ney-bli-shee te-le-fon], **can I use your telephone?** mohu si zatelefonovat? [za-te-le-fo-no-vat]
telephone box telefonní budka [te-le-fo-nyee but-ka]
telephone directory telefonní seznam, **do you have a telephone directory?** máte telefonní seznam? [sez-nam]
telephone number telefonní číslo [chees-lo], **can you give me your telephone number?** můžete mi dát vaše telefonní číslo? [moo-zhe-te ...va-she te-le-fo-nyee chees-lo]
television televize f.
tell říci [rzhee-tsi], **can you tell me where/how/what...** můžete mi říci kde/jak/co... [moo-zhe-te mi rzhee-tsi kde/yak/tso]
temperature teplota [tep-lo-ta] f., **a high/low temperature** vysoká/nízká teplota [vi-so-ká/nyees-ká]
temporary dočasný/á [do-chas-nee], přechodný/á [przhe-khod-nee]
tenant nájemník [ná-yem-nyeek]
tennis tenis m., **tennis courts** tenisové dvorce [te-ni-so-vé dvor-tse]
tent stan m.
term doba f., semestr [se-mes-tr] m.
terminal konečná stanice [ko-nech-ná sta-nyi-tse]
terrible hrozný/á [hroz-nee]

terrific:it's terrific! to je ohromné! [to ye o-hrom-né]
test zkouška [skow-shka] f., test m.
than než [nesh], **better than nothing** lepší než nic [lep-shee nesh nyits]
thank děkovat [dye-kovat], **thanks!** díky! [dyee-ki], **thank you** děkuji vám [dye-ku-yi vám] **no, thanks** ne, děkuji
that ten, ta, to, **that small table** ten malý stůl [ten ma-lee stool], **that building** ta budova, **that car** to auto, **that is...to** je...[to ye], **that's right** tak to je, **that way** tak, **that much** tolik, **after that** potom, **I think that...**myslím, že... [mis-leem zhe]
thaw tát
theater divadlo [dyi-vad-lo] n. **where is the National Theater?** kde je Národní divadlo? [kde ye ná-rod-nyee dyi-vad-lo]
their jejich [ye-yikh], **their room** jejich pokoj [po-koy]
them jim [yim], je [ye], **do you see them?** vidíte je? [vi-dyee-te ye], **give it to them** dejte jim to [dey-te yim to]
then pak, potom, **and then I'll go...** a pak půjdu... [pu-du]
there tam, **there it is!** tady je to! [ta-di ye to], **there you are** tak to máte, **down/up there** dole/nahoře [do-le/na-ho-rzhe]
therefore proto
thermometer teploměr [te-plo-mnyer] m.
thermos termoska [ter-mos-ka] f.
they oni [o-nyi], ony [o-ni], ona [o-na], **they are not here** oni tu nejsou [o-nyi tu ney-sow], **where do they live?** kde /oni/ bydlí? [kde bid-lee]
thick tlustý/á [tlus-tee], **a thick book** tlustá kniha [tlus-tá knyi-ha], **thick soup** hustá polévka [hus-tá po-léf-ka], **thick-head** hlupák
thief zloděj/ka [zlo-dyey] m., f.

thigh stehno [steh-no] n.
thin tenký/á [ten-kee], **he/she is thin** je hubený/á [ye hu-be-nee]
thing věc [vyets] f., **there are my personal things** to jsou mé osobní věci [to sow mé o-sob-nyee vye-tsi], **no such thing** nic takového [nyits ta-ko-vé-ho], **little things** maličkosti [ma-lich-kos-tyi]
think myslit [mis-lit], **přemýšlet** [przhe-meesh-let], **I think that...** domnívám se, že... [dom-nyee-vám se zhe], **what do you think?** co si myslíte? [tso si mi-slee-te], **think about it** rozmyslete si to [roz-mis-le-te], **I don't think so** to si nemyslím [ne-mis-leem]
thirst žízeň [zhee-zen'] f., **are you thirsty?** máte žízeň?
this tento, tato, toto, **this room** tento pokoj [ten-to po-koy], **this restaurant** tato restaurace [ta-to res-taw-ra-tse], **this place** toto místo [to-to mees-to], **this way** tudy [tu-di], **this is mine** to je moje [to ye mo-ye]
thorn trn m.
though ačkoli [ach-ko-li]
thread nit [nyit] f.
threaten vyhrožovat [vi-hro-zho-vat]
thriller detektivka f.
throat hrdlo [hr-dlo] n., **sore throat** bolest v krku [bo-lest fkr-ku]
throne trůn [troon] m.
through skrze [skr-ze], **I'm through** jsem hotov/a [sem ho-tof], **through line** přímá linka [przhee-má lin-ka], **go through the lobby** jděte skrze halu [dye-te skr-ze ha-lu]
throw házet, **throw up** zvracet [zvra-tset]
thumb palec /ruky/ [pa-lets ru-ki] m.
thunder hrom m.

Thursday čtvrtek [chtvur-tek] m.
ticket lístek [lees-tek], **/bus, train/ ticket** jízdenka [yeez-den-ka], **two tickets for tonight** dva lístky na dnes večer [..leest-ki..ve-cher]
ticket office pokladna f.
tie vázat, kravata f.
tight těsný/á [tyes-nee]
tights punčochové kalhoty [pun-cho-kho-vé kal-ho-ti] pl.
till až do [ash do], dokud, **till tomorrow** až do zítra [ash do zeet-ra]
time čas [chas] m., **have a good time** mějte se pěkně [mnyey-te se pyek-nye], **what's the time?** kolik je hodin? [ko-lik ye ho-dyin], **any time** kdykoli [kdi-ko-li], **in time** včas [fchas], **last time** minule, **next time** příště [przheesh-tye]
time-table /bus, train/ jízdní řád [yeezd-nyee rzhát], **time-table /schedule/** rozvrh hodin [roz-vrkh ho-dyin]
tin plech [plekh] m.
tiny drobounký/á [dro-bown-kee]
tip spropitné [spro-pit-né] n., **is the tip included?** je v tom spropitné? [ye ftom...]
tire pneumatika [pnew-ma-ti-ka] f., **a flat tire** píchlá pneumatika [peekh-lá...]
tired unavený/á [u-na-ve-nee], **are you tired?** jste unavený/á? [ste u-na-ve-nee], **I'm not tired** nejsem unavený/á [ney-sem u-na-ve-nee]
tissues papírové kapesníky [pa-pee-ro-vé ka-pes-nyee-ki]
title titul m.
to k, do, na, **to town** do města [do mnyes-ta], **to the hotel...** do hotelu..., **to the point** k věci [kvye-tsi]
toast toast m., přípitek [przhee-pi-tek] m., **to drink a toast** připít na zdraví [przhi-peet na zdra-vee]
tobacco tabák m., **tobacco store** trafika f.

today dnes, **what's the date today?** kolikátého je dnes? [ko-li-ká-té-ho ye dnes]
toe prst na noze [purst]
together společně [spo-lech-nye], dohromady [do-hro-ma-di] **we'll go there together** půjdeme tam společně [pu-de-me spo-lech-nye], **put it together** dejte to dohromady [dey-te to do-hro-ma-di]
toilet toaleta [to-a-le-ta] f., **toilet paper** toaletní papír [to-a-let-nyee pa-peer]
tolerant trpělivý [tr-pye-li-vee]
tomato rajské jablíčko [ray-ské yab-leech-ko] n.
tomorrow zítra [zeet-ra], **I'll come tomorrow** příjdu zítra [przhee-du zeet-ra], **are you free tomorrow?** máte zítra čas? [má-te zeet-ra chas], **see you tomorrow!** nashledanou zítra! [na-skhle-da-now zeet-ra]
tone tón m.
tongue jazyk [ya-zik] m.
tonight dnes večer [ve-cher], **see you tonight!** uvidíme se dnes večer [u-vi-dyee-me se dnes ve-cher]
too také, příliš [przhee-lish], **I'm too busy** mám příliš práce [mám przhee-lish prá-tse], **you too** vy také [vi ta-ké], **it's too late** je příliš pozdě [ye przhee-lish poz-dye]
tooth zub m., **teeth** zuby [zu-bi] pl., **I have a toothache** bolí mě zuby [bo-lee mnye zu-bi]
toothbrush kartáček na zuby [kar-tá-chek na zu-bi]
tooth-paste pasta na zuby
toothpicks párátka pl.
top vrch [vurkh] m., hořejšek [ho-rzhey-shek] m., **on the top of it** nad to, **on the top shelf** na horní polici [na hor-nyee po-li-tsi], **at the top** na vrcholu [na vr-kho-lu], **top quality** nejlepší kvalita [ney-

lep-shee kva-li-ta]
torch baterka f.
torture mučit [mu-chit]
total úplný/á [oo-pl-nee], celkový/á [tsel-ko-vee], **what's the total?** kolik je to celkem? [ko-lik ye to tsel-kem]
touch dotýkat se [do-tee-kat], **I'll be in touch /with you/** budu s vámi ve styku [bu-du svá-mi ve sti-ku]
tough tuhý/á [tu-hee], houževnatý/á [how-zhev-na-tee], **the meat is very tough** maso je velmi tuhé [ma-so ye tu-hé]
tour výlet [vee-let] m., zájezd [zá-yest] m.
tourist turista/ka m., f.
tourist office turistická kancelář [tu-ris-tits-ká kan-tse-lárzh]
tow odtáhnout [od-táh-nowt]
towel ručník [ruch-nyeek], **can you give me a clean towel?** můžete mi dát čistý ručník? [moo-zhe-te mi dát chis-tee ruch-nyeek]
tower věž [vyesh] f.
town město [mnyes-to] n., **do you live in town?** bydlíte ve městě? [bid-lee-te ve mnyes-tye], **town-hall** radnice [rad-nyi-tse] f.
toy hračka [hrach-ka] f.
trace stopa f.
trade obchod [ob-khot] m.
tradition tradice [tra-di-tse]
traffic provoz [pro-vos] m., **heavy traffic** těžký provoz [vel-kee pro-vos], **traffic jam** dopravní zácpa [do-prav-nyee záts-pa], **traffic lights** dopravní světla [svyet-la]
train vlak m., **can I go by train?** mohu jet vlakem? [mo-hu yet vla-kem], **train station** nádraží [ná-dra-zhee]
training výcvik [veets-vik] m.
traitor zrádce [zrát-tse] m.
tram tramvaj [tram-vay] f.
tramp tramp m., toulat se [tow-lat]

transform přeměnit [przhe-mnye-nyit]
transformer transformátor m.
transit tranzit m.
translate přeložit [przhe-lo-zhit], **can you translate it to English?** můžete to přeložit do angličtiny? [moo-zhe-te to przhe-lo-zhit do an-glich-tyi-ni]
translation překlad [przhe-klat] m., **is it a good translation?** je to dobrý překlad? [ye to dob-ree przhe-klat]
translator překladatel/ka [przhe-kla-da-tel] m., f.
transport doprava f.
travel cestovat [tses-to-vat], **how long have you been traveling?** jak dlouho cestujete? [yak dlow-ho tses-tu-ye- te]
travel-agency cestovní kancelář [tses-tov-nyee kan-tse-lárzh]
traveler cestující [tses-tu-yee-tsee] m., cestovatel m., **traveler's checks** cestovní šeky [tses-tov-nyee she-ki]
tray tác [táts] m.
treason zrada f.
treasure poklad [po-klat] m.
treat jednat [yed-nat]
treaty smlouva [smlow-va] f.
tree strom m.
trend tendence [ten-den-tse] f.
trespass překročit [przhe-kro-chit], **no trespassing!!** zákaz vstupu!! [zá-kas fstu-pu]
trial proces [pro-tses] m.
triangle trojúhelník [tro-yoo-hel-nyeek] m.
tricky: it's tricky to je složité [to ye slo-zhi-té]
trim: I want just a trim chci to jen zastřihnout [khtsi to yen zas-trzhih-nowt]
trip výlet [vee-let], cesta [tses-ta], **that was a lovely trip** to byl krásný výlet [to bil krás-nee vee-let], **have a nice trip!** šťastnou cestu!

[shtyast-now tses-tu]
trouble potíž [po-tyeesh] f., obtěžovat [ob-tye-zho-vat], **I've got into trouble** mám nepříjemnost [...ne-przhee-yem-nost], **I have trouble with my car** mám potíže s autem [..po-tyee-zhe saw-tem]
trousers kalhoty [kal-ho-ti] pl.
truck nákladní auto [ná-klad-nyee aw-to]
true pravdivý/á [prav-dyi-vee], **is it true?** je to pravda? [ye to prav-da]
trunk kufr [ku-fr] m.
truth pravda f., **tell me the truth!** řekněte mi pravdu! [rzhek-nye-te mi prav-du]
try zkusit [sku-sit], **let me try** nechte mně to zkusit [nekh-te mnye...], **I would like to try it on** rád/a bych si to zkusil/a [rát bikh ... sku-sil]
T-shirt tričko [trich-ko] n.
tube trubka f., **/tire/** duše [du-she] f.
Tuesday úterý [oo-te-ree] n.
tulip tulipán [tu-li-pán] m.
tune melodie [me-lo-di-ye] f.
tunnel tunel m.
turkey krocan/krůta [kro-tsan/ kroo-ta] m., f.
Turkey Turecko [tu-rets-ko] n.
turn otočit /se/ [o-to-chit], **turn right/left** odbočte vpravo/vlevo [od-boch-te vpra-vo/vle-vo], **turn...on/off** zapněte.../vypněte...[zap-nye-te/vip-nye-te], **I've turned back** vrátil/a jsem se [vrá-tyil sem se], **turn around!** otočte se! [o-toch-te]
turtle želva [zhel-va] f.
TV set televizor m., see television
twice dvakrát [dva-krát]
twins dvojčata [dvoy-cha-ta] pl.
type typ [tip] m, **can you type?** umíte psát na stroji? [u-mee-te...stro-yi]
typewriter psací stroj [psa-tsee stroy] m.

U

ugly ošklivý/á [osh-kli-vee]
umbrella deštník [desht-nyeek] m.
uncle strýc [streets] m.
unconscious: he/she is unconscious je bez vědomí [ye bez vye-do-mee]
under pod, **under the table** pod stolem
underground podzemní dráha [pod-zem-nyee drá-ha], metro
understand rozumět [ro-zu-mnyet], **do you understand..?** rozumíte..? [ro-zu-mee-te], **I understand/don't understand** rozumím/nerozumím [ro-zu-meem /ne-ro-zu-meem]
underwear spodní prádlo [spodnyee prád-lo]
unemployed nezaměstnaný/á [neza-mnyest-na-nee]
unfortunately bohužel [bo-hu-zhel]
unhappy nešt'astný/á [neshtyast-nee], **don't be unhappy** nebud'te nešt'astný/á [ne-but'-te ne-shtyast-nee]
uniform uniforma f.
unique jedinečný/á [ye-dyi-nech-nee]
unite spojit [spo-yit]
United States Spojené státy /americké/ [spo-ye-né stá-ti a-me-rits-ké]
universe vesmír [ves-meer] m.
university universita [u-ni-ver-zi-ta] f., vysoká škola [vi-so-ká shko-la] f.
unknown neznámý/á [nez-ná-mee]
unlock odemknout [o-dem-knowt] **unlock the door!** odemkněte! [o-dem-knye-te]
unpack vybalit [vi-ba-lit], **I have to unpack** musím rozbalit [mu-seem roz ba-lit]
unpaid nezaplacený/á [ne-za-pla-tse-nee], **an unpaid bill**

nezaplacený účet [ne-za-pla-tse-nee oo-chet]
unpleasant nepříjemný/á [ne-przhee-yem-nee], **it's very unpleasant** to je velmi nepříjemné [to ye vel-mi ne-przhee-yem-né]
untie rozvázat [roz-vá-zat]
until až do [ash do], dokud ne, **until I'll tell you** dokud vám neřeknu [... ne-rzhek-nu], **until next week** až do příštího týdne [ash do przheesh-tyee-ho teed-ne]
unusual neobyčejný/á [ne-o-bi-chey-nee]
up nahoře [na-ho-rzhe], nahoru, **up and down** nahoru a dolů [na-ho-ru a do-loo], **get up!** vstaňte! [fstan'-te], **it's up there** je to tam nahoře [ye to tam na-ho-rzhe], **up the street** ulicí [u-li-tsee]
upset rozčilený/á [roz-chi-le-nee], **I'm very upset** jsem hrozně rozčilený/á [sem hroz-nye roz-chi-le-nee]
upside-down naruby [na-ru-bi]
upstairs nahoře [na-ho-rzhe], **go upstairs** jděte nahoru [dye-te na-ho-ru]
urgent naléhavý/á [na-lé-ha-vee], **it's urgent** je to nutné [ye to nut-né]
urine moč [moch] f.
us nás, nám, **wait for us** počkejte na nás [poch-key-te], **come with us** pojd'te s námi [pod'-te sná-mi]
use užívat [u-zhee-vat], **I have no use for it** nepotřebuji to [ne-pot-rzhe-bu-yi to]
used použitý/á [po-u-zhi-tee] **I'll get used to it** zvyknu si na to [zvik-nu...]
useful užitečný/á [u-zhi-tech-nee]

useless zbytečný/á [zbi-tech-nee], **that's useless** to je zbytečné [to ye zbi-tech-né] **usual** obyčejný/á [o-bi-chey-nee], **my usual breakfast is..**

obyčejně snídám.. [o-bi-chey-nye snyee-dám], **as usual** jako obyčejně [ya-ko o-bi-chey-nye] **usually** obyčejně [o-bi-chey-nye]

V

vacancy volné místo [mees-to], **/hotel/ vacancy** volné pokoje [vol-né po-ko-ye], **no vacancy** plně obsazeno [pl-nye ob-sa-ze-no]
vacation dovolená f. **I enjoyed my vacation** měl/a jsem hezkou dovolenou [mnyel sem hes-kow do-vo-le-now], **school vacation** prázdniny [prázd-nyi-ni]
vaccination očkování [och-ko-vá-nyee] n.
vacuum cleaner vysavač [vi-sa-vach] m.
valid platný/á [plat-nee], **is it still valid?** platí to ještě? [pla-tyee to yesh-tye]
valley údolí [oo-do-lee] n.
valuable cenný/á [tse-nee], **that's very valuable** to je velmi cenné [to ye tse-né], **I don't have any valuables** nemám žádné cenné věci [ne-mám zhád-né tse-né vye-tsi]
value hodnota f., cena [tse-na]
van nákladní vůz [ná-klad-nyee voos]
various různý/á [rooz-nee]
vase váza f.
veal telecí maso [te-le-tsee], **veal stew** telecí guláš [gu-lásh]
vegetables zelenina [ze-le-nyi-na] f., **a vegetable market** trh se zeleninou [trukh se ze-le-nyi-now]
vegetarian vegetarián m.
vehicle vozidlo [vo-zid-lo] n.
veil závoj [zá-voy] m.
vein žíla [zhee-la] f.

velvet samet m.
venison zvěřina [zvye-rzhi-na]
ventilation větrání [vyet-rá-nyee] n., ventilace
verify ověřit [o-vye-rzhit]
very velmi [vel-mi], velice [ve-li-tse], **very well!** dobrá! **thank you very much** děkuji mnohokrát [dye-ku-yi mno-ho-krát], **a very little** trošku [trosh-ku], **it's very cheap/expensive** je to velmi laciné/drahé [ye to vel-mi la-tsi-né /dra-hé]
vest tričko [trich-ko] n., vesta f.
victim oběť' [o-byet'] f.
victory vítězství [vee-tyes-tvee] n.
video video n.
view pohled m., rozhled m., **that's a beautiful view!** to je krásný rozhled! [to' ye krás-nee roz-hled]
village vesnice [ves-nyi-tse] f.
vinegar ocet [o-tset] m.
violence násilí [ná-si-lee] n.
violet fialový/á [fi-ya-lo-vee] fialka f.
violin housle [how-sle] pl.
visa vízum [vee-zum] n., **can I get visa to...?** mohu dostat vízum do...?
visibility viditelnost [vi-dyi-tel-nost] f., **a very bad visibility** špatná viditelnost [shpat-ná...]
visit návštěva [náv-shtye-va] f. navštívit, **come to visit..** přijd'te navštívit...[przhid'-te nav-shtyee-vit]

visitor návštěvník [náv-shtye-vnyeek] m.
vitamín vitamín [vi-ta-meen] m.
voice hlas m.
vomit zvracet [zvra-tset],
I did vomit zvracel/a jsem

[zvra-tsel sem]
vote volit
voucher poukaz [pow-kas] m.,
food vouchers stravovací
lístky [stra-vo-va-tsee leest-ki]

W

wafer oplatka [o-plat-ka] f.
wagon vagón m.
waist pás m.
wait čekat [che-kat], I'll
wait počkám [poch-kám], can
you wait for me? můžete na
mě počkat? [moo-zhe-te na mnye
poch-kat], don't wait here
nečekejte tady [ne-che-key-te
ta-di], I can't wait nemohu
čekat [che-kat]
waiter číšník [cheesh-nyeek] m.
waiter! pane vrchní! [pa-ne
vurkh-nyee]
waiting-room čekárna [che-kár-na] f.
waitress servírka [ser-veer-ka]
f., číšnice [cheesh-nyi-tse] f
waitress! slečno! [slech-no]
wake vzbudit [zbu-dyit], don't
wake me up! nebuď'te mě! [ne-
buď'-te mnye], wake me up at..
vzbuď'te mě v.. [zbud'-te mnye
v..]
walk jít [yeet], procházet se
[pro-khá-zet], let's go for
a walk pojď'me se projít
[pod'-me se pro-yeet], I'll
walk půjdu pěšky [poo-du
pyesh-ki], it's a very nice
walk je to krásná procházka
[ye ...pro-khás-ka]
wall zeď' f., stěna [stye-na] f
wallet náprsní taška [ná-prs-
nyee tash-ka] f., I lost my
wallet ztratil/a jsem
peněženku [stra-tyil sem pe-
nye-zhen-ku]
walnut vlašský ořech [vlash-
skee o-rzhekh] m.
wander potulovat se

want chtít [khtyeet],
potřebovat [pot-rzhe-bo-vat],
I want to go to... chci jít
do/na... [khtsi yeet], I don't
want anything nic nepotřebuji
[nyits ne-pot-rzhe-bu-yi],
what do you want? co chcete?
[tso khtse-te], I want/I don't
want..chci/nechci.. [khtsi/ne-
khtsi]
war válka f.
warehouse skladiště [skla-
dyish-tye] n.
warm teplý/á [tep-lee], I like
warm weather mám rád/a teplé
počasí [po-cha-see], to warm
up ohřát [oh-rzhát]
warn varovat
warning výstraha [vee-stra-ha]
was: I was... byl/a jsem [bil
sem], it was.. /to/ bylo..
wash mýt /se/ [meet], prát,
I'll wash my hands umyji si
ruce [u-mi-yi si ru-tse],
I have to wash my shirt musím
si vyprat košili, can you wash
it for me? můžete mně to
vyprat? [moo-zhe-te mnye to
vi-prat]
washable prací [pra-tsee],
is it washable? dá se to prát?
wash-basin umyvadlo [u-mi-vad-
lo] n.
washing praní prádla [pra-nyee]
where can I do my washing? kde
si mohu vyprat prádlo? [...vi-
prat prád-lo]
washing-machine pračka [prach-
ka] f.
washing-powder prášek na praní
[prá-shek na pra-nyee]

wasp vosa f.
waste odpad [ot-pat] m.
watch hodinky [ho-dyin-ki] pl.
hlídat [hlee-dat], **I'll watch it** dám na to pozor, **can you watch it for me?** můžete mi to pohlídat? [moo-zhe-te ...pohlee-dat], **watch out!** pozor!, **can you repair my watch?** můžete mi spravit hodinky? [moo-zhe-te...ho-dyin-ki]
water voda f, **a glass of water, please** sklenici vody, prosím [skle-nyi-tsi vo-di pro-seem]
wave vlna [vl-na] f., mávat
wax vosk m.
way cesta [tses-ta] f., způsob [spoo-sob] m., **which way...?** kudy...? [ku-di], jak..? [yak] **this way** tudy [tu-di], takto, **can you show me the way to...?** můžete mi ukázat cestu do/na.? [moo-zhe-te mi u-ká-zat tsestu..], **no way!** ani za nic! [anyi za nyits]
we my [mi], **we are Americans /my/** jsme Američané [mi sme a-me-ri-cha-né]
weak slabý/á [sla-bee], **this tea is very weak** ten čaj je velmi slabý [chay ye sla-bee]
wealthy bohatý/á [bo-ha-tee], **is he/she wealthy?** je bohatý/bohatá? [ye bo-ha-tee]
weapon zbraň f.
wear nosit, mít na sobě [meet na so-bye], **what are you going to wear?** co si vezmete na sebe?
weather počasí [po-cha-see] n. **how is the weather today?** jaké je dnes počasí? [ya-ké ye dnes po-cha-see], **the weather was beautiful/bad** bylo krásně/ošklivo [bi-lo krás-nye/oshkli-vo]
weather forecast předpověd' počasí [przhet-po-vyet' po-cha-see]
wedding svatba [svat-ba] f.
Wednesday středa [strzhe-da] f.
weed plevel m.

week týden [tee-den] m., **two weeks** dva týdny [dva teed-ni], **last/next week** minulý/příští týden [mi-nu-lee/przheesh-tyee tee-den]
weekday všední den [fshed-nyee]
weekend víkend [vee-kend] m., sobota a neděle, **have a nice weekend!** přeji vám pěknou neděli! [przhe-yi pyek-now nedye-li]
weight váha f., **my weight is...** vážím...[vá-zheem]
welcome:welcome! vítáme vás! [vee-tá-me vás], **you're welcome** není zač [ne-nyee zach]
well dobře [dob-rzhe], správně [správ-nye], **I'm quite well, thanks** děkuji, mám se dobře [dye-ku-yi...dob-rzhe], **I'm not feeling well** necítím se dobře [ne-tsee-tyeem...], **well done!** výborně! [vee-bornye], **as well as...právě tak** jako [prá-vye tak ya-ko]
well-done /steak/ dobře propečený /biftek/ [dob-rzhe pro-pe-che-nee]
well-known známý/á [zná-mee]
west západ m., **to the west** na západ
Western západní [zá-pad-nyee]
wet mokrý/á [mok-ree], **it's wet** je mokro [ye mok-ro]
what co [tso], jaký/á [ya-kee] **what is it?** co je to? [tso ye to], **what for?** proč? [proch], **what's up?** co se děje? [tso se dye-ye]
wheat obilí [o-bi-lee] n.
wheel kolo n.
wheel-chair židle pro invalidy [zhid-le pro in-va-li-di]
when kdy? [kdi], **just when...** právě když... [prá-vye kdizh] **since when?** od kdy?
where kde?, kam?, **where are you?** kde jste? [kde ste], **where are you going?** kam jdete? [kam de-te], **where is it?** kde je to? [kde ye to]

which který/á [kte-ree], jaký/
á [ya-kee], **which street?**
která ulice? [kte-rá u-li-tse]
which number? které číslo?
[kte-ré chees-lo], **which way?**
kudy? [ku-di], **which of you..?**
kdo z vás..?
while chvíle [khvee-le] f.,
zatím [za-tyeem], **for a while**
na chvíli [khvee-li], **while**
I'm waiting zatím co čekám
[za-tyeem tso che-kám]
whip bič [bich] m.
whipped cream šlehačka [shle-
hach-ka] f.
whisper šeptat [shep-tat]
whistle pískat [pees-kat]
white bílý/á [bee-lee]
who kdo, který/á [kte-ree],
who is it? kdo je to? [kdo ye
to], **my friend who...** můj
přítel, který... [mooy przhee-
tel kte-ree]
whole celý/á [tse-lee],
the whole day/week/year celý
den/týden/rok [tse-lee den/
tee-den/rok]
whom koho, komu
whose čí [chee]
why proč? [proch], **why do you**
do that? proč to děláte?
[proch to dye-lá-te], **why not?**
proč ne?
wide široký/á [shi-ro-kee], **how**
wide is it? jak je to široké?
[yak ye to shi-ro-ké]
widow vdova [vdo-va] f.
widower vdovec [vdo-vets] m.
wife manželka [man-zhel-ka] f.,
this is my wife... má žena...
má zhe-na]
wig paruka f.
wild divoký/á [dyi-vo-kee]
will vůle [voo-le] f., přání
[przhá-nyee] n., **I will do it**
udělám to [u-dye-lám], **good**
will dobrá vůle [voo-le]
win vyhrát [vi-hrát]
wind vítr [vee-tr] m.
window okno [ok-no] n., **open/**
close the window, please
prosím vás otevřete/zavřete

okno [pro-seem vás o-tev-rzhe-
te/zav-rzhe-te ok-no], **by the**
window u okna
wine víno [vee-no] n., **a glass**
of red/white wine, please
skleničku červeného/bílého
vína, prosím [skle-nyich-ku
cher-ve-né-ho/bee-lé-ho vee-na
pro-seem]
wine glass sklenka na víno
[sklen-ka na vee-no]
wing křídlo [krzheed-lo] n.
winter zima f., **in winter**
v zimě [vzi-mnye]
wipe utírat [u-tyee-rat]
wiper (windscreen..) stěrač
u auta [stye-rach] m.
wire drát m., telegram m.
wise rozumný/á [ro-zum-nee]
wish přání [przhá-nyee] n.,
I wish you good luck přeji vám
hodně štěstí [przhe-yi vám
hod-nye shtyes-tyee], **best**
wishes! všechno nejlepší!
[fshe-khno ney-lep-shee]
witch čarodějnice [cha-ro-dyey-
nyi-tse] f.
with s, se, **come with me**
pojď'te se mnou [pod'-te se
mnow], **he/she is here with me**
je tu se mnou [ye tu se mnow],
I'll go with you půjdu s vámi
[poo-du svá-mi]
without bez, **we can't go**
without you nemůžeme jít bez
vás [ne-moo-zhe-me yeet
bez vás], **without onion,**
please bez cibule, prosím
[bez tsi-bu-le pro-seem]
witness svědek [svye-dek] m.
wolf vlk [vulk] m.
woman žena [zhe-na] f., **women**
ženy [zhe-ni] pl.
wonder divit se [dyi-vit],
no wonder! není divu! [ne-nyee
dyi-vu], **I'm wondering...**rád/a
bych věděl/a... [rát bikh vye-
dyel]
wonderful skvělý/á [skvye-lee],
that's wonderful! to je
úžasné! [to ye oo-zhas-né]
wood dřevo [drzhe-vo] n., les m.

wool vlna [vl-na] f.
word slovo n. , **I'll keep my word** dodržím své slovo [do-dr-zheem své slo-vo]
work práce [prá-tse] f. , pracovat [pra-tso-vat], **do you work here?** pracujete tady? [pra-tsu-ye-te ta-di], **I'm out of work** jsem bez práce [sem bez prá-tse], **I'm looking for any type of work** hledám jakoukoliv práci [hle-dám ya-kow-ko-lif prá-tsi], **where do you work?** kde pracujete? [kde pra-tsu-ye-te]
world svět [svyet] m.
worm červ [cherf] m.
worry trápit se , **don't worry** nemějte starost [ne-mnyey-te sta-rost]
worse horší [hor-shee], **it's worse than I thought** je to horší než jsem si myslel/a [ye to hor-shee nesh sem si mis-lel]
worst nejhorší [ney-hor-shee], **at worst** v nejhorším [vney-hor-sheem]
worth cena [tse-na] f. , hodnota [hod-no-ta] f. , **it's/it's not worth while** stojí/nestojí to za to [sto-yee/ne-sto-yee...]
worthless bezcenný/á [bez-tse-nee], **it's worthless** to je bezcenné [to ye bez-tse-né]
would: I would like... rád/a bych... [rát bikh]
wrap balit, **can you wrap it up**

for me? můžete mi to zabalit? [moo-zhe-te mi to za-ba-lit]
wrapping paper balicí papír [ba-li-tsee pa-peer]
wreath věnec [vye-nets] m.
wring ždímat [zhdyee-mat]
wrinkle vráska f.
wrist zápěstí [zá-pyes-tyee] n.
write psát, **I'll write you soon** napíši vám brzo [na-pee-shi vám br-zo], **write me back** odepište mi [o-de-pish-te mi], **write it down, please** zapište to, prosím [za-pish-te to pro-seem], **could you write me your name and address?** mohl/a byste mi napsat vaše jméno a adresu? [mo-hl bis-te mi nap-sat va-she mé-no a ad-re-su]
writer spisovatel/ka [spi-so-va-tel] m. , f.
writing psaní [psa-nyee] n. , **in writing** písemně [pee-sem-nye]
writing-paper dopisní papír [do-pis-nyee pa-peer] m.
wrong špatný/á [shpat-nee], nepravý/á [ne-pra-vee], **a wrong address** špatná adresa [shpat-ná ad-re-sa], **that's wrong** to je špatně [shpat-nye] **you're wrong** nemáte pravdu [ne-máte prav-du], **what's wrong?** co se stalo? [tso se sta-lo], **it's a wrong number** máte špatné /telefonní/ číslo [má-te shpat-né chees-lo]

X

Xmas /Cristmas/ vánoce [vá-no-tse]

X-ray Röntgen [rent-gen]

Y

yacht jachta [yakh-ta] f.
yard dvůr [dvoor] m., pozemek, yard /0,91 m/
year rok m., **once a year** jednou za rok [yed-now za rok], **last/this/next year** minulý/tento/příští rok [mi-nu-lee/ten-to/przheesh-tyee rok]
yeast droždí [drozh-dyee] n.
yellow žlutý/á [zhlu-tee], **yellow pages** žluté telefonní stránky [zhlu-té te-le-fo-nyee strán-ki]
yes ano [a-no], **yes, I'll come** ano, příjdu [a-no przhee-du]
yesterday včera [fche-ra], **the day before yesterday** předevčírem [przhe-de-fchee-rem]
yet ještě [yesh-tye], **it's not ready yet** ještě to není hotovo [yesh-tye to ne-nyee...]

yogurt jogurt [yo-gurt] m.
you (familiar form) ty [ti], **(polite form)** vy [vi], **you have** ty máš/vy máte [ti másh/vi má-te], **how are you?** jak se máš/máte? [yak se másh/má-te]
young mladý/á [mla-dee], **young man** mladík [mla-dyeek]
your (familiar form) tvůj/tvá [tvooy/tvá], **[polite form]** váš/vaše [vásh/va-she], **your passport** tvůj/váš pas [tvooy/vásh pas]
yours: is it yours? je to tvoje/vaše? [ye to tvo-ye/va-she]
youth mládí [mlá-dyee] n., mládež [mlá-desh] f.
Yugoslavia Jugoslávie [yu-go-slá-vi-ye]

Z

zero nula [nu-la] f.
zip zip m., **zip up** zapnout na zip [zap-nowt na zip]

zone pásmo [pás-mo] n., zóna f.
zoo zoologická zahrada [zo-lo-gits-ká za-hra-da] f.

Czech-English

A

a and
adresa [a-dre-sa] address
ahoj! [a-hoy] hello
Američan/ka [a-me-ri-chan/ka] American
Angličan/ka [an-gli-chan/ka] Englishman, -woman

ano [a-no] yes
asi [a-si] maybe
auto [aw-to] car
autobus [aw-to-bus] bus
automat [aw-to-mat] automatic machine, snack bar

B

babička [ba-bich-ka] grandmother
bábovka [bá-bof-ka] sponge cake
balík [ba-leek] parcel
banka [ban-ka] bank
barva [bar-va] color
Becherovka [be-khe-rof-ka] liqueur
benzín [ben-zeen] gasoline
biftek [bif-tek] steak
biograf [bi-yo-graf] cinema
bolest [bo-lest] pain, ache

borůvky [bo-roof-ki] blueberries
boty [bo-ti] shoes
brambor [bram-bor] potato
bramborová polévka potato soup
bratr [bra-tr] brother
broskev [bros-kef] peach
brusinky [bru-sin-ki] cranberries
buchty [bukh-ti] yeast pastry
bydliště [bid-lish-tye] address
byt [bit] apartment, flat

C

celnice [tsel-nyi-tse] customhouse
cena [tse-na] price

cesta [tses-ta] trip, way
cibule [tsi-bu-le] onion
cigareta cigarette

Č

čaj [chay] tea
čas [chas] time
časopis [cha-so-pis] magazine
Čech/Češka [chekh/chesh-ka] Czech
čekárna [che-kár-na] waitingroom
čerstvý/á [cher-stvee] fresh
Česká republika [ches-ká republi-ka] Czech Republic

česky [ches-ki] Czech
česnek [ches-nek] garlic
číslo [chees-lo] number
čistírna [chis-tyeer-na] cleaners
čistý/á [chis-tee] clean
čočka [choch-ka] lentil
čokoláda [cho-ko-lá-da] chocolate
čtvrtek [chtvur-tek] Thursday

D

dále! come in!
daleko far away
dámy [dá-mi] ladies
dárek gift, present
datum date
dcera [tse-ra] daughter
dědeček [dye-de-chek] grand-
  father
deko/deka decagram(me)
děkovat:děkuji [dye-ku-yi]
  thank you
den day
díky [dyee-ki] thanks
dítě/děti [dyee-tye/dye-tyi]
  child/children
divadlo [dyi-vad-lo] theater
dívka [dyeef-ka] girl
dnes today
dobrý/á [dob-ree] good
dobrý den good morning/day

dobře [dob-rzhe] well, all
  right
doklad [do-klat] document
doktor/ka doctor
dolů [do-loo] down
doma at home
dopis letter
dopoledne morning
dort cake
dospělý/á [dos-pye-lee] adult
dost enough
dotazník [do-taz-nyeek] form
dovnitř [dov-nyitrzh] in
dovolená holidays
dovoz import
drogérie [dro-gé-ri-ye] drug-
  store
drůbež [droo-besh] poultry
dům [doom] house
dveře [dve-rzhe] door

E

elektrika tram

elektřina [e-lekt-rzhi-na]
  electricity

F

fazole beans
film film, picture
firma firm

fotbal soccer
fotografie photograph
fotografovat take photographs

G

garáž [ga-rásh] garage

gymnasium [gim-na-zi-yum] high
  school

H

hala hall, vestibule
halenka [ha-len-ka] blouse
haléř [ha-lérzh] reckless
person, hell-raiser
herec/čka [he-rets/he-rech-ka]
actor/actress
hlava [hla-va] head
hlavní [hlav-nyee] main
hlavní město [mnyes-to] capital
hlavní nádraží [ná-dra-zhee]
central station
hlavní pošta [posh-ta] general
post office
hodina [ho-dyi-na] hour
hodiny/ky [ho-dyi-ni/ho-dyin-
ki] clock/watch
holič [ho-lich] barber
honem! hurry up!

horečka [ho-rech-ka] fever
horko [hor-ko] hot
hořčice [horzh-chi-tse] mustard
hospoda [hos-po-da] pub, inn
host guest
hotel hotel
houby [how-bi] mushrooms
houska [how-ska] roll
hovězí [ho-vye-zee] beef
hovězí vývar [vee-var] beef
broth
hrad castle
hrách [hrákh] peas
hranice [hra-nyi-tse] border
hruška [hrush-ka] pear
hřbitov [rzhbi-tof] cemetary
hudba [hud-ba] music
husa goose

CH

chata [kha-ta] cabin, cottage
chladno [khlad-no] cold
chlapec [khla-pets] boy
chléb [khlép] bread

chléb s máslem [khlép smás-lem]
bread and butter
chřipka [khrzhip-ka] flu
chuť' [khut'] appetite, **dobrou
chut'!** good appetite!

I

i and
informace [in-for-ma-tse]
information

injekce [in-yek-tse] injection
internát [in-ter-nát] boarding-
house

J

já [yá] I
jablko [ya-bl-ko] apple
jablkový závin [ya-bl-ko-vee
zá-vin] apple strudel
jahody [ya-ho-di] strawberries
jak [yak] how
jaro [ya-ro] spring
játra [yát-ra] liver
jed [yet] poison

jen [yen] only
jet [yet] go
jezero [ye-ze-ro] lake
jídelna [yee-del-na] dining-
room
jídelní lístek [yee-del-nyee
lees-tek] menu
jídlo [yeed-lo] food
jih [yikh] south

jíst [yeest] eat
jistě [yis-tye] certainly
jít [yeet] go
jitrnice [yi-tr-nyi-tse] white
  sausage

jízdenka [yeez-den-ka] ticket
jízdní řád [yeez-dnyee rzhát]
  timetable
jméno [mé-no] name
jmenovat se [me-no-vat]   be
  called

K

kabát coat
kachna [kakh-na] duck
kakao cocoa
kalhoty [kal-ho-ti] pants
kam? where?
kamarád/ka friend
kancelář [kan-tse-lárzh] office
kapr [ka-pr] carp
karbanátek hamburger
Karlův most [kar-loof] Charles
  Bridge
kašel [ka-shel] cough
katedrála cathedral
káva coffee
kavárna [ka-vár-na] café
kde? where?
kdepak! [kde-pak] far from it
kdo? who?
kdy? [kdi] when?
kilo/kila kilogram
kilometr kilometer
kino cinema
klíč [kleech] key
klobása sausage
klobouk [klo-bowk] hat
knedlíky   [kne-dlee-ki]
  dumplings
kniha [knyi-ha] book
knihkupectví [knyikh-ku-pets-
  tvee] bookstore
knihovna [knyi-hov-na] library
koblihy [kob-li-hi] doughnuts
knoflík [knof-leek] button
kočka [koch-ka] cat
koláč [ko-lách] cake, pie

kolej [ko-ley] hostel
koleno knee
kolik? how much?
kolo bicycle, wheel
koncert [kon-tsert] concert
konec [ko-nets] end
konference [kon-fe-ren-tse]
  conference
kontrola check
konzerva [kon-zer-va] can
kopaná football, soccer
kopec [ko-pets] hill
koruna [ko-ru-na] crown
kosmetika cosmetics
kostel [kos-tel] church
koš [kosh] basket
košile [ko-shi-le] shirt
koupaliště [kow-pa-lish-tye]
  /outdoor/ swimming pool
koupelna [kow-pel-na] bathroom
koupit [kow-pit] buy
kouřit [kow-rzhit] smoke
Krkonoše   [kr-ko-no-she]
  The Giant Mountains
Krušné hory [krush-né ho-ri]
  The Ore Mountains
krůta [kroo-ta] turkey
křen [krzhen] horse-radish
kufr [ku-fr] suit-case
kuchyň [ku-khin'] kitchen
kuřáci/nekuřáci [ku-rzhá-tsi..]
  smokers/non smokers
kuře [ku-rzhe] chicken
květák [kvye-ták] cauliflower
květina [kvye-tyi-na] flower

L

láhev [lá-hef] bottle
lázně [láz-nye] spa
led ice
ledvinky [led-vin-ki] kidneys
lék medicine
lékárna [lé-kár-na] pharmacy
lékař/ka [lé-karzh] doctor
letadlo [le-tad-lo] plane
letiště [le-tyish-tye] airport
léto summer
letos this year

levný/á [lev-nee] cheap
lidi [li-dyi] people
limonáda lemonade
linka [lin-ka] line
lístek [lees-tek] ticket
litr/y [li-tr/li-tri] liter/s
loď ship
loni [lo-nyi] last year
lůžko [loosh-ko] bed
lyžovat [li-zho-vat] ski
lžíce [zhee-tse] spoon

M

máj [máy] May
majonéza [ma-yo-né-za] mayon-
naise
makarony macaroni
málo little
maminka [ma-min-ka] mother
mandle [man-dle] almonds
manžel/ka [man-zhel/man-zhel-
ka] husband/ wife
mapa map
marmeláda marmalade
máslo [más-lo] butter
maso meat
matka mother
meruňka [me-run-ka] apricot
měsíc [mnye-seets] month, moon
město [mnyes-to] town, city
metr/y [me-tr/me-tri] meter/s
metro (M) metro, subway
mezinárodní [me-zi-ná-rod-nyee]
international

ministerstvo ministry,
department
minuta minute
místo [mees-to] place
mít [meet] have
mladý/á [mla-dee] young
mlékárna [mlé-kár-na] dairy
mléko [mlé-ko] milk
mnoho/moc [mno-ho/mots] much,
many
Morava Moravia
moře [mo-rzhe] sea
most bridge
mrkev [mr-kef] carrot
můj, má, mé [mooy...] my, mine
muzeum [me-ze-um] museum
muž [muzh] man, husband
my [mi] we
mýdlo [meed-lo] soap
mýt [meet] wash

N

nádraží [ná-dra-zhee] railroad
station
nahoru up
nákup shopping
nalevo [na-le-vo] left, on the
left
náměstí [ná-mnyes-tyee] town
square, **Staroměstské náměstí**

[sta-ro-mnyest-ké] Old Town
Square, **Václavské náměstí** [vá-
tslaf-ské] Wenceslas Square
nápoj [ná-poy] drink
napravo [na-pra-vo] right, on
the right
napsat [na-psat] write
národní [ná-rod-nyee] national

Národní divadlo [ná-rod-nyee
 dyi-vad-lo] National Theater
Národní muzeum [ná-rod-nyee mu-
 ze-um] National Museum
narozeniny [na-ro-ze-nyi-ni]
 birthday,   **všechno nejlepší
 k narozeninám!** [fshekh-no ney-
 lep-shee kna-ro-ze-nyi-nám]
 Happy Birthday!
na shledanou! [na skhle-da-now]
 see you later, so long
nástupiště [ná-stu-pish-tye]
 platform
náš [násh] our, ours
návštěva [náf-shtye-va] visit
nazdar! [na-zdar] Hello!
ne no
nebezpečí [ne-bes-pe-chee]
 danger

něco [nye-tso] something
neděle [ne-dye-le] Sunday
někdo [nye-kdo] somebody
nemocnice [ne-mots-nyi-tse]
 hospital
nemocný/á [ne-mots-nee] sick
nesmysl [ne-smi-sl] nonsense
neštěstí [nesh-tyes-tyee] bad
 luck, accident
nic [nyits] nothing
nikdo [nyi-kdo] nobody
nikdy [nyi-kdi] never
noc [nots] night
noha foot, leg
nos nose
nosič [no-sich] porter
noviny [no-vi-ni] newspaper
nudle [nud-le] noodles
nůž [noosh] knife

O

občerstvení [ob-cher-stve-
 nyee] refreshment
oběd [o-byet] lunch
obchod [ob-khot] shop, business
obraz [ob-ras] picture
obsazeno [ob-sa-ze-no] engaged,
 occupied, No Vacancies
obuv [o-buf] footwear
ocet [o-tset] vinegar
oděvy [o-dye-vi] clothes
odjezd/odlet [od-yest/od-let]
 departure
odpadky [ot-pat-ki] litter
odpoledne [od-po-led-ne] after-
 noon, in the afternoon
oheň [o-hen'] fire, **hoří!!** [ho-
 rzhee] fire!!
okamžik! [o-kam-zhik] moment!
okno [ok-no] window
oko/oči [o-ko/o-chi] eye/eyes
okolo [o-ko-lo] round, around
okurka [o-kur-ka] cucumber,
 kyselá okurka [ki-se-lá...]
 pickled gherkin
olej [o-ley] oil
omáčka [o-mách-ka] gravy, sauce
omeleta omelet/te/

omluva [o-mlu-va] apology,
 excuse
omyl [o-mil] mistake, error
on/ ona he/she
oni [o-nyi] they
opera [o-pe-ra] opera
oprava [o-pra-va] repair
ordinace [or-di-na-tse] medical
 office
organizace [or-ga-ni-za-tse]
 organization
orchestr [or-khes-tr] orchestra
ořechy [o-rzhe-khi] nuts
oslava [os-la-va] celebration,
 party
osoba [o-so-ba] person
osobní [o-sob-nyee] personal
ošetřovatel/ka [o-shet-rzho-va-
 tel-ka] nurse
otázka [o-tás-ka] question
otec [o-tets] father
otevřeno [o-tev-rzhe-no] open
ovar [o-var] boiled pork
ovoce [o-vo-tse] fruit, **ovocná
 šťáva** [o-vots-ná shtyá-va]
 fruit juice
oznámení [oz-ná-me-nyee] notice

P

palác [pa-láts] palace
palačinky [pa-la-chin-ki] crêpes, pancakes
památka souvenir
pan Mr., pán gentleman
paní [pa-nyee] Mrs., lady
papír [pa-peer] paper
paprika pepper, paprika
párek frankfurter
park park
parkovat [par-ko-vat] park
parkoviště [par-ko-vish-tye] parking-lot, car-park
paštika [pash-tyi-ka] pâté
pátek Friday
patro [pat-ro] floor
pečeně [pe-che-nye] roast
pekárna [pe-kár-na] bakery
peníze [pe-nyee-ze] money
pepř [peprzh] pepper
pero pen
pes dog
pěšky [pyesh-ki] on foot
piškot [pish-kot] sponge cake
pít [peet] drink
pití:něco k pití [nye-tso kpi-tyee] something to drink
pivo beer, černé/světlé pivo [cher-né/svyet-lé pi-vo] dark /light beer
platit [pla-tyit] pay
plavat swim
počasí [po-cha-see] weather
počítat [po-chee-tat] count
podnik [pod-nyik] business, enterprise
podpis [pod-pis] signature
podzim [pod-zim] fall, autumn
pohled [po-hled] view
pohled, pohlednice [po-hled-nyi-tse] postcard
pokladna [po-klad-na] cash register, box-office
pokoj/e [po-koy/po-ko-ye] room/rooms
poledne [po-led-ne] noon
polévka [po-léf-ka] soup
policie [po-li-tsi-ye] police

pomalu slowly
pomeranč [po-me-ranch] orange
pomoc!! [po-mots] help!!
pondělí [pon-dye-lee] Monday
porcelán [por-tse-lán] china
pórek leek
poschodí [pos-kho-dyee] floor
poslat send
postel [pos-tel] bed
pošta [posh-ta] post-office, mail
potraviny [po-tra-vi-ni] food, provisions
povolání [po-vo-lá-nyee] profession, occupation
pozdě [poz-dye] late
pozdrav [poz-draf] greeting
pozor! attention! beware!
pozvání [poz-vá-nyee] invitation
práce [prá-tse] work, job
prádlo [prád-lo] underwear, washing
Praha [pra-ha] Prague, v Praze [fpra-ze] in Prague
prázdniny [prázd-nyi-ni] holidays, vacation
Pražan/ka [pra-zhan/pra-zhan-ka] inhabitant of Prague
proč [proch] why
prodat [pro-dat] sell
prohlídka [pro-hleed-ka] sightseeing, examination
procházka [pro-khás-ka] walk
prominout [pro-mi-nowt] excuse, promiňte! [pro-min'-te] pardon, excuse me
prosit ask, prosím vás [pro-seem vás] please
pršet [pr-shet] rain
průvodce/kyně [proo-vod-tse/proo-vod-ki-nye] guide
průvodčí [proo-vod-chee] conductor
první pomoc [prv-nyee po-mots] First Aid
pryč [prich] away
přání [przhá-nyee] wish

předkrm [przhet-kurm] appetizer
přednáška [przhed-násh-ka] lecture
představení [przhet-sta-ve-nyee] performance
představit [przhet-sta-vit] introduce
překlad [przhe-klat] translation
přestávka [przhe-stáf-ka] break interval
příbuzný/á [przhee-buz-nee] relative, relation
přijet/přijít [przhi-yet/przhi-yeet] come, arrive
příjezd/přílet [przhee-yest/przhee-let] arrival

příjmení [przhee-me-nyee] last name, surname
přímo [przhee-mo] straight, directly
přinést [przhi-nést] bring
příroda [przhee-ro-da] nature, scenery
příště [przheesh-tye] next time
přítel/kyně [przhee-tel/przhee-tel-ki-nye] friend
přízemí [przhee-ze-mee] ground-floor
psát/napsat write
pstruh [pstrukh] trout
pták bird
ptát se ask
půjčovna [poo-chov-na] Rent a..
půl [pool] half

R

rajské jablíčko [ray-ské yab-leech-ko] tomato, **rajská omáčka** [o-mách-ka] tomato sauce
ráno morning
recept [re-tsept] prescription
reklama advertisement
restaurace [re-staw-ra-tse] restaurant
rodiče [ro-dyi-che] parents
rodina [ro-dyi-na] family
roh corner
rohlík [roh-leek] roll

rok/roky year/years
roštěná [rosh-tye-ná] sauteed steak
rovně [rov-nye] straight
rozhlas [roz-hlas] radio
ručník [ruch-nyeek] towel
ruka/ruce [ru-ka/ru-tse] hand/s
ryba [ri-ba] fish
rychle [rikh-le] quickly, fast
rychlík [rikh-leek] express train
rýma [ree-ma] cold
rýže [ree-zhe] rice

Ř

řada [rzha-da] row, line
ředitel [rzhe-dyi-tel] director
řeka [rzhe-ka] river

řízek:telecí/vepřový [te-le-tsee/vep-rzho-vee rzhee-zek] Wiener schnitzel

S

sádlo [sád-lo] fat
sál hall
salám salami, **uherský salám** [u-her-skee] Hungarian salami
salát salad, **hlávkový/okurkový /zelný salát** lettuce/cucumber /cabbage salad
samoobsluha [sa-mo-ob-slu-ha] self-service, supermarket
sardinky [sar-din-ki] sardines
sbohem! [sbo-hem] good-bye!
sedadlo [se-dad-lo] seat
sednout si [sed-nowt] sit down
sekaná meat loaf
sem here
sestra [ses-tra] sister
sever north
seznam [sez-nam] list, **telefonní seznam** telephone directory
schody [skho-di] stairs
schránka [skhrán-ka] box, **poštovní schránka** [posh-tov-nyee] mail-box
schůze [skhoo-ze] meeting
schůzka [skhoos-ka] engagement, date
silnice [sil-nyi-tse] road
síň [seen'] hall
sklenice [skle-nyi-tse] glass
sklo glass, **broušené sklo** [brow-she-né sklo] cut glass
skopové lamb
skupina group
sladký/á [slat-kee] sweet
slanina [sla-nyi-na] bacon
slaný/á [sla-nee] salty
slečna [slech-na] Miss, young lady
slepice [sle-pi-tse] hen, **slepičí polévka** [sle-pi-chee po-léf-ka] chicken soup
slivovice [sli-vo-vi-tse] plum brandy
Slovák/enka [slo-vák/slo-ven-ka] Slovak, **Slovensko** [slo-ven-sko] Slovakia

slovenský/á [slo-ven-skee] Slovak
slovník [slov-nyeek] dictionary
slovo word
slunce [slun-tse] sun
služba [sluzh-ba] service
smažený/á [sma-zhe-nee] fried
směr [smnyer] direction
smetana cream
smůla [smoo-la] bad luck
snídaně [snyee-da-nye] breakfast
sníh [snyeekh] snow
sobota [so-bo-ta] Saturday
sodovka [so-dof-ka] soda water
soukromý/á [sow-kro-mee] private
soused/ka [sow-set] neighbor
spát sleep
spolu together
sport sport
správně [správ-nye] right, correct
sprcha [spur-kha] shower
srdce [sur-tse] heart
srnčí: srnčí na smetaně [surn-chee na sme-ta-nye] venison with cream sauce
stanice [sta-nyi-tse] **station**, stop
starý/á [sta-ree] old
statek farm
středa [strzhe-da] Wednesday
středisko [strzhe-dyis-ko] center, **zdravotní středisko** [zdra-vot-nyee] health clinic
stříbro [strzhee-bro] silver
student/ka student
studený/á [stu-de-nee] cold
stůj!! [stooy] stop!!
stůl [stool] table
sukně [suk-nye] skirt
sůl [sool] salt
svátek [svá-tek] holiday, name-day
světlo [svyet-lo] light

svíčková [sveech-ko-vá] beef
 with cream sauce
syn [sin] son

sýr [seer] cheese
syrový/á [si-ro-vee] raw

Š

šatna [shat-na] cloak-room
šaty [sha-ti] clothes
škoda [shko-da] damage, it's
 a pity
škola [shko-la] school
šlehačka [shle-hach-ka] whip-
 ped cream
špatný/á [shpat-nee] bad
špenát [shpe-nát] spinach

špinavý/á [shpi-na-vee] dirty
šťastný/á [shtyast-nee] happy,
 lucky
štěstí:hodně štěstí! [hod-nye
 shtyes-tyee] good luck!
šunka [shun-ka] ham
švestka [shvest-ka]   prune,
 plum,   **švestkové   knedlíky**
 [shvest-ko-vé   kned-lee-ki]
 plum dumplings

T

tabák tobacco
tady [ta-di] here
taky [ta-ki] also, too
talíř [ta-leerzh] plate
tam there
tanec [ta-nets] dance
taška [tash-ka] bag
táta/tatínek dad/daddy
taxík [ta-xeek] taxi, cab
teď' now
telecí [te-le-tsee] veal,
 telecí pečeně [pe-che-nye]
 veal roast
telefon telephone
telegram telegram, cable
ten, ta, to this, that
teplo warm
ticho! [tyi-kho] silence!

tlačenka [tla-chen-ka] head-
 cheese
toaleta [to-a-le-ta] toilet
topinka [to-pin-ka] toast
továrna [to-vár-na] factory
trafika tobacconist's
tramvaj [tram-vay] tram, street
 car
trh [trukh] market, fair
trochu [tro-khu] a little
trolejbus [tro-ley-bus] trolley
 bus
třešně [trzhesh-nye] cherries
tuk fat
tužka [tush-ka] pencil
tvaroh [tva-rokh] farm/cottage
 cheese
ty [ti] you
týden [tee-den] week

U

ubytování [u-bi-to-vá-nyee] accommodation
učit [u-chit] teach
účet [oo-chet] bill
učit se [u-chit] learn
učitel/ka [u-chi-tel] teacher
ucho/uši [u-kho/ushi] ear/ears
ukázat [u-ká-zat] show
ulice [u-li-tse] street
umění [u-mnye-nyee] art
umyvárna [u-mi-vár-na] bathroom lavatory
unavený/á [u-na-ve-nee] tired

úraz [oo-ras] injury
určitě [ur-chi-tye] sure
úřad [oo-rzhat] office
úschovna zavazadel [oos-khov-na] left-luggage office
ústa [oos-ta] mouth
ústav [oos-taf] institute
úterý [oo-te-ree] Tuesday
uvnitř [uv-nyitrzh] inside
uzené smoked pork
uzeniny [u-ze-nyi-ni] smoked salami and sausages
už already

V

vagón wagon, carriage
váha weight
vana bath tub
vánoce [vá-no-tse] Christmas
vánočka [vá-noch-ka] Christmas cake
vařit [va-rzhit] boil, cook
váš [vásh] your, yours
včera [fche-ra] yesterday
vdaná married /woman/
věc [vyets] thing
večer [ve-cher] evening
večeře [ve-che-rzhe] dinner, supper
vedle next to
vedoucí [ve-dow-tsee] manager
vejce [vey-tse]   egg/eggs,
  vejce na tvrdo [tvur-do] hard-boiled eggs, ... **na měkko** [mnye-ko] soft-boiled...,
  míchaná/smažená...[mee-kha-ná/sma-zhe-ná] scrambled/fried...
veletrh [ve-le-turkh] /trade/ fair
velice/velmi [ve-li-tse/vel-mi] very, too
velikonoce [ve-li-ko-no-tse] Easter

velikost size
velký/á [vel-kee] large, big
ven/venku out, outside
venkov [ven-kof] the country
vepřové [vep-rzho-vé] pork,
  vepřové,   knedlík a   zelí [vep-rzho-vé kned-leek ze-lee] pork roast with dumplings and cabbage/sauerkraut
veřejný/á [ve-rzhey-nee] public
vesnice [ves-nyi-tse] village
věž [vyesh] tower
vchod [fkhot] entrance
víc [veets] more
vidět [vi-dyet] see
vidlička [vid-lich-ka] fork
vinárna wine-stube
víno [vee-no] wine, grapes,
  bílé/červené víno [bee-lé/cher-ve-né] white/red wine
vízum [vee-zum] visa
vlak train
vlevo [vle-vo] on/to the left
vlna [vul-na] wool
voda water
volný/á [vol-nee] free
vpravo [fpra-vo] on/to the right

vpředu [fprzhe-du] in front
vrátit [vrá-tyit] return
vrátný [vrát-nee] porter
vrchní [vurkh-nyee] waiter
vstup volný [fstup vol-nee]
  Admission Free, **vstup zakázán**
  [fstup za-ká-zán] No Admit-
  tance
vstupenka [fstu-pen-ka] ticket
všechno [fshekh-no] everything
vůbec ne [voo-bets ne] not at
  all
vůz [voos] car, van
vy [vi] you
vybrat si [vi-brat] choose
východ [vee-khot] exit
východ east
výlet [vee-let] trip

vypínač [vi-pee-nach] switch
vyprodáno [vi-pro-dá-no] sold
  out
výrobek [vee-ro-bek] product
výročí   [vee-ro-chee]
  anniversary
vyslanectví [vi-sla-nets-tvee]
  legation, embassy
vysoko [vi-so-ko] high
vysoká škola [vi-so-ká shko-la]
  university, college
výstava [vees-ta-va] exhibition
výtah [vee-takh] elevator, lift
vytočit číslo [vi-to-chit chees
  lo] dial a /telephone/ number
vývoz [vee-vos] export
vzadu at the back
vzbudit [zbu-dyit] wake up
vždy [vzhdi] always

Z

zábava entertainment
začátek [za-chá-tek] beginning
záda back
zadáno reserved
záchod [zá-khot] W.C., lavatory
zájezd [zá-yest]   excursion,
  tour
zajíc na smetaně [za-yeets na
  sme-ta-nye]   hare with cream
  sauce
zákaz koupání/kouření [zá-kas
  kow-pá-nyee/kow-rzhe-nyee]
  swimming/smoking prohibited
zámek castle, lock
zaměstnání [za-mnyest-ná-nyee]
  occupation, profession
západ [zá-pat] west
zápalky [zá-pal-ki] matches
zase again
zasnoubený/á [za-snow-be-nee]
  engaged
zavazadlo [za-va-zad-lo] lug-
  gage
zboží [zbo-zhee] goods, wares
zdarma [zdar-ma] free
zde here
zdraví [zdra-vee] health
zdravotní středisko [zdra-vot-

nyee strzhe-dyis-ko]   health
  clinic
zelenina   [ze-le-nyi-na]
  vegetables
zelí [ze-lee] cabbage, **kyselé
  zelí** [ki-se-lé] sauerkraut
zima winter, cold
zítra [zeet-ra] tomorrow
zkažený/á [ska-zhe-nee]   bad,
  spoiled
zkouška [skowsh-ka] examination
zloděj! [zlo-dyey] thief!
změna [zmnye-na] change
zmrzlina [zmur-zli-na]   ice
  cream
známky [znám-ki] stamps
znova again
zpívat [spee-vat] sing
zpoždění [spozh-dye-nyee] delay
zpráva [sprá-va] news
zralý/á [zra-lee] ripe
ztráty a nálezy [strá-ti a ná-
  le-zi] Lost and Found
ztratit [stra-tyit] loss
zub/zuby   [zup/zu-bi]
  tooth/teeth
zubař [zu-barzh] dentist
zvát invite

zvěřina [zvye-rzhi-na] venison   zvíře [zvee-rzhe] animal

Ž

žádost [zhá-dost] application
žádný/á [zhád-nee] no, none
žaludek [zha-lu-dek] stomach
žena [zhe-na] woman, wife,
 ženy [zhe-ni] ladies
ženatý [zhe-na-tee] married
 /man/

žert [zhert] joke
židle [zhid-le] chair
žít [zheet] live
život [zhi-vot] life
živý/á [zhi-vee] living
žízeň [zhee-zen'] thirst

General Data and Grammar Notes

NUMERALS

Cardinal Numbers

1	**jeden, jedna, jedno** [ye-den, yed-na, yed-no]	21	**dvacet jedna** [dva-tset yed-na]	
2	**dva, dvě** [dva, dvye]	22	**dvacet dva**	
3	**tři** [trzhi]	30	**třicet** [trzhi-tset]	
4	**čtyři** [chti-rzhi]	31	**třicet jedna**	
5	**pět** [pyet]	32	**třicet dva**	
6	**šest** [shest]	40	**čtyřicet** [chti-rzhi-tset]	
7	**sedm** [se-dum]	50	**padesát** [pa-de-sát]	
8	**osm** [o-sum]	60	**šedesát** [she-de-sát]	
9	**devět** [de-vyet]	70	**sedmdesát** [se-dum-de-sát]	
10	**deset** [de-set]	80	**osmdesát** [o-sum-de-sát]	
11	**jedenáct** [ye-de-náts]	90	**devadesát** [de-va-de-sát]	
12	**dvanáct** [dva-náts]	100	**sto**	
13	**třináct** [trzhi-náts]	150	**sto padesát**	
14	**čtrnáct** [chtur-náts]	200	**dvě stě** [dvye stye]	
15	**patnáct** [pat-náts]	300	**tři sta** [trzhi sta]	
16	**šestnáct** [shest-náts]	400	**čtyři sta** [chti-rzhi sta]	
17	**sedmnáct** [se-dum-náts]	500	**pět set** [pyet set]	
18	**osmnáct** [o-sum-náts]	600	**šest set** [shest set]	
19	**devatenáct** [de-va-te-náts]	1.000	**tisíc** [tyi-seets]	
20	**dvacet** [dva-tset]	5.000	**pět tisíc**	
		1,000.000	**milión** [mi-li-yón]	

Ordinal Numbers

1st	**první** [prv-nyee]	15th	**patnáctý** [pat-náts-tee]	
2nd	**druhý/á** [dru-hee]	20th	**dvacátý** [dva-tsá-tee]	
3rd	**třetí** [trzhe-tyee]	21st	**dvacátý první**	
5th	**pátý** [pá-tee]	30th	**třicátý** [trzhi-tsá-tee]	
10th	**desátý** [de-sá-tee]	100th	**stý** [stee]	

21. March, 1994   **dvacátého prvního března,
devatenáct set devadesát čtyři**

Time

What time is it?	**Kolik je hodin?** [ko-lik ye ho-dyin]
It's one o'clock	**Je jedna hodina** [ye yed-na ho-dyi-na]
It's two/three/four o'clock	**Jsou dvě/tři/čtyři/ hodiny** [sow dvye/ trzhi/chti-rzhi ho-dyi-ni]
It's five/six/seven ....twelve o'clock	**Je pět/šest/sedm........dvanáct hodin** [ye pyet/shest/se-dum....... dva-náts ho-dyin]
Half past one/two	**Půl druhé/třetí** [pool dru-hé/trzhe-tyee]
(**Half past** in Czech = **Half to** in English)	

Days of the Week

Sunday	**neděle** [ne-dye-le]
Monday	**pondělí** [pon-dye-lee]
Tuesday	**úterý** [oo-te-ree]
Wednesday	**středa** [strzhe-da]
Thursday	**čtvrtek** [chtvur-tek]
Friday	**pátek** [pá-tek]
Saturday	**sobota** [so-bo-ta]

Month of the Year

January	**leden** [le-den]	July	**červenec** [cher-ve-nets]
February	**únor** [oo-nor]		
March	**březen** [brzhe-zen]	August	**srpen** [sur-pen]
April	**duben** [du-ben]	September	**září** [zá-rzhee]
May	**květen** [kvye-ten]	October	**říjen** [rzhee-yen]
	máj [máy]	November	**listopad** [lis-to-pat]
June	**červen** [cher-ven]	December	**prosinec** [pro-si-nets]

The Seasons

spring	**jaro** [ya-ro]
summer	**léto** [lé-to]
fall, autumn	**podzim** [pod-zim]
winter	**zima** [zi-ma]

Cardinal Points

north	**sever** [se-ver]
south	**jih** [yikh]
east	**východ** [vee-khot]
west	**západ** [zá-pat]

Colors

black	**černý/á** [cher-ná]
blue	**modrý/á** [mod-rá]
brown	**hnědý/á** [hnye-dá]
green	**zelený/á** [ze-le-ná]
grey	**šedý/á** [she-dá]
orange	**oranžový/á** [o-ran-zho-vá]
pink	**růžový/á** [roo-zho-vá]
purple	**fialový/á** [fi-ya-lo-vá]
red	**červený/á** [cher-ve-ná]
	rudý/á [ru-dá]
white	**bílý/á** [bee-lá]
yellow	**žlutý/á** [zhlu-tá]

CONVERSION TABLES

Length

centimeter (cm), meter (m), kilometer (km)

1 km = 1 000 m
1 m = 100 cm
1 cm = 10 mm

1 inch = 2.54 cm   1 cm = 0.39 inches
1 foot = 0.30 m = 30 cm   1 m = 39.37 inches
1 yard = 0.91 m   1 km = 0.62 mile
1 mile = 1.61 km

Distances are measured in kilometers.

1 km = 5/8 mile

To convert miles into kilometers divide the miles by 5 and multiply
by 8. To convert kilometers into miles divide the kilometers by 8
and multiply by 5.

Weight

gram (g), dekagram/deko (dkg), kilogram/kilo (kg)

1 kg = 100 dkg = 1 000 g

1 oz = 28 g
1 lb = 454 g = 45 dkg = 0.45 kg

0.5 kg = 1.1 lb   **1 kg = 2.2 lb**   **5 kg = 11.0 lb**

Volumes

liter (l)

1 US pint = 0.47 l   1 US gallon = 3.78 l
1 UK pint = 0.56 l   1 UK gallon = 4.54 l

1 l = 2.13 US pints = 1.76 UK pints

Temperature

Celsius (C)

C	-5	0	17	20	25	30	100
F	23	32	63	68	77	86	212

Body Temperature = 36.7 C = 98.0 F

NOUNS

Czech nouns are masculine (**M**), feminine (**F**) and neuter (**N**). They have **no articles** before them. The ending of the noun form in nominative usually helps to determine **the gender.**

Masculine nouns with hard or soft **consonant** endings:

Singular	Plural
pán /gentleman	**páni** /gentlemen
most /bridge	**mosty** /bridges
muž /man	**muži** /men
pokoj /room	**pokoje** /rooms

Feminine nouns with **a** or **e** endings:

Singular	Plural
žena /woman	**ženy** /women
šunka /ham	**šunky** /hams
židle /chair	**židle** /chairs
kůže /skin	**kůže** /skins

but some feminine nouns end with a soft **consonant:**

Singular	Plural
noc /night	**noci** /nights
loď' /ship	**lodě** /ships

Neuter nouns with **o, e** or **í** endings:

Singular	Plural
město /town	**města** /towns
slovo /word	**slova** /words
dítě /child	**děti** /children
náměstí /square	**náměstí** /squares

Noun Declensions

There are seven cases in Czech, indicated by the suffix.
[nominative, genitive, dative, accusative, vocative, locative/prepositional and instrumental]
Masculine nouns are **animate** or **inanimate.** For example:

	Sing.	Pl.	Sing.	Pl.
1.	**pán** /gentleman	**páni**	**muž** /man	**muži**
2.	**pána**	**pánů**	**muže**	**mužů**
3.	**pánu/ovi**	**pánům**	**muži/ovi**	**mužům**
4.	**pána**	**pány**	**muže**	**muže**
5.	**pane!**	**páni!**	**muži!**	**muži!**
6.	**pánovi**	**pánech**	**muži**	**mužích**
7.	**pánem**	**pány**	**mužem**	**muži**

Sing.	Pl.	Sing.	Pl.
1. most /bridge	mosty	pokoj /room	pokoje
2. mostu	mostů	pokoje	pokojů
3. mostu	mostům	pokoji	pokojům
4. most	mosty	pokoj	pokoje
6. mostě	mostech	pokoji	pokojích
7. mostem	mosty	pokojem	pokoji

Some examples for **feminine nouns:**

Sing.	Pl.	Sing.	Pl.
1. žena /woman	ženy	židle /chair	židle
2. ženy	žen	židle	židlí
3. ženě	ženám	židli	židlím
4. ženu	ženy	židli	židle
5. ženo!	ženy!	/	/
6. ženě	ženách	židli	židlích
7. ženou	ženami	židlí	židlemi

Neuter nouns:

Sing.	Pl.	Sing.	Pl.
1. město /town	města	náměstí /square	náměstí
2. města	měst	náměstí	náměstí
3. městu	městům	náměstí	náměstím
4. město	města	náměstí	náměstí
6. městě	městech	náměstí	náměstích
7. městem	městy	náměstím	náměstími

ADJECTIVES

Czech adjectives are hard or soft.

Hard adjectives: (M) velký, nový, dobrý / big, new, good
(F) velká, nová, dobrá
(N) velké, nové, dobré

Soft adjectives have a uniform ending -í.

jarní, hlavní / spring, main

Declensions of Adjectives and Pronouns
(M)

Sing.	Pl.	Sing.	Pl.
1. můj / my, mine	mí/moji	nový / new	noví
2. mého	mých	nového	nových
3. mému	mým	novému	novým
4. mého	mě/moje	nového	nové
6. mém	mých	novém	nových
7. mým	mými	novým	novými

Adjectives and possesive pronouns of masculine and neuter gender differ only in nominative and accusative cases. For example:

(M) dobrý oběd, velký dům / good lunch, big house
(N) dobré jídlo, velké město /good meal, big town

Soft adjectives of masculine and neuter gender decline the same way as hard adjectives. [**jarní, jarního, jarnímu, jarního...**
                          hlavní, hlavního, hlavnímu, hlavního...]

(F)

Sing.	Pl.	Sing.	Pl.
1. **má/moje** /my	**mé/moje**	**dobrá** /good	**dobré**
2. **mé**	**mých**	**dobré**	**dobrých**
3. **mé**	**mým**	**dobré**	**dobrým**
4. **mou/moji**	**mé/moje**	**dobrou**	**dobré**
6. **mé**	**mých**	**dobré**	**dobrých**
7. **mou**	**mými**	**dobrou**	**dobrými**

For example: **má** matka, **mé** dcery / my mother, my daughters
           dobrá večeře, **nové** knihy / good dinner, new books

PERSONAL PRONOUNS

English **you** has two forms in Czech: **ty** (sing.) and **vy** (pl.)
Vy - the second person of plural is used to address people politely in conversations.
Ty - the second person of singular is used to address only your close friends and relatives.

Sing.	Pl.
já / I	**my** / we
ty / you	**vy** / you
on / he	**oni** / they (**M**)
ona/ she	**ony** / they (**F**)
ono/ it	**ona** / they (**N**)

Declensions of **já** and **ty**

Sing.	Pl.	Sing.	Pl.
1. **já** / I	**my** / we	**ty** / you	**vy** / you
2. **mě**	**nás**	**tebe/tě**	**vás**
3. **mně/mi**	**nám**	**tobě/ti**	**vám**
4. **mě**	**nás**	**tebe/tě**	**vás**
6. **mně**	**nás**	**tobě**	**vás**
7. **mnou**	**námi**	**tebou**	**vámi**

VERBS

Every verb has an infinitive form. The ending of the infinitive is
-t (-ti in literary style) or **-ci.**

PRESENT TENSE

	mít / to have	pít / to drink
(já)	mám / I have	piji/piju
(ty)	máš	piješ
(on, ona, ono)	má	pije
(my)	máme	pijeme
(vy)	máte	pijete
(oni, ony, ona)	mají	piji/pijou

Personal pronouns are usually omitted as personal suffix on the
verbs indicates the person.

NEGATIVE is formed by prefix **ne-**. For example: **nemám, nemáš, nemá..
nepiju, nepiješ...**

Infinitive to be **být**

Present Tense: Negative Form:

(já)	jsem / I am	nejsem / I am not
(ty)	jsi / you are	nejsi
(on, ona, ono)	je / he, she, it is	není
(my)	jsme / we are	nejsme
(vy)	jste / you are	nejste
(oni, ony, ona)	jsou / they are	nejsou

PAST TENSE

In Czech there is only one past tense. It is indicated by
-l ending.

Past Tense -L form:

to be **být**   to give **dát**

byl/byla jsem / I was	dal/dala jsem / I gave
byl/byla jsi	dal/dala jsi
byl/byla/bylo	dal/dala/dalo
byli/byly jsme	dali/daly jsme
byli/byly jste	dali/daly jste
byli/byly/byla	dali/daly/dala

For example: **Spal jsem** / I slept,   **(Ona) pila** / She drank
Jedli jsme / We ate,   **(Oni) pracovali** / They worked
Negative: **Nepřišel** / He did not come,
Nebyla jsem tam / I was not there

FUTURE TENSE

to be **být**   to eat **jíst**

budu / I shall be   **budu jíst** / I shall eat
budeš   **budeš jíst**
bude   **bude jíst**
budeme   **budeme jíst**
budete   **budete jíst**
budou   **budou jíst**

Negative: **nebudu, nebudeš, nebude...**

There are two sets of forms of Czech verbs.   Perfective and imperfective.

Perfective: to get **dostat**   Imperfective: **dostávat**
        to buy **koupit**   **kupovat**
        to do   **udělat**   **dělat**

The future tense is formed:
1. **budu, budeš, bude...** and infinitive of imperfective verbs.
   For example: **budu psát** / I shall write
               budeme dělat / We shall do

2. Perfective verbs of the **present** tense which express the future.
   For example: **koupíme** / We shall buy
               udělám / I shall do

Negative form: **nebudu psát, nebudu jíst** but **nekoupím, neudělám**

In Czech some verbs are accompanied by the reflexive pronouns **se** or **si**.

For example: **dívat se** / to look at, **ptát se** / to ask,
             přát si / to wish

QUESTION FORM

In Czech there is no auxiliary verb present as in English.
Questions are usually signalled by the intonation only.

  máte...? / do you have...? , **pracujete...?** / do you work...?

The most common verbs in:

Infinitive		1st pers. sing. Present	Past
to be	být	jsem	byl/byla jsem
to arrive	přijet	přijedu	přijel/a "
to ask	ptát se	ptám se	ptal/a jsem se
to begin	začít	začnu	začal/a jsem
to bring	přinést	přinesu	přinesl/a "
to buy	koupit	koupím	koupil/a "
to close	zavřít	zavřu	zavřel/a "
to come	přijít	příjdu	přišel/přišla
	přijet	přijedu	přijel/a jsem
to do	dělat	dělám	dělal/a "
to drink	pít	piji/ju	pil/a "
to drive	jet	jedu	jel/a "
	řídit	řídím	řídil/a "
to eat	jíst	jím	jedl/a "
to get	dostat	dostanu	dostal/a "
to give	dát	dám	dal/a "
to go	jít	jdu	šel/šla "
	jet	jedu	jel/a "
to have	mít	mám	měl/a "
to hear	slyšet	slyším	slyšel/a "
to help	pomoci	pomáhám	pomohl/a "
to know	vědět	vím	věděl/a "
to learn	učit se	učím se	učil/a jsem se
to leave	odejít	odejdu	odešel/odešla
	odejet	odjedu	odjel/a jsem
to look at	dívat se	dívám se	díval/a jsem se
to look for	hledat	hledám	hledal/a jsem
to lose	ztratit	ztratím	ztratil/a "
to love	milovat	miluji/ju	miloval/a "
	mít rád	mám rád/a	měl/a jsem rád/a
to make	udělat	udělám	udělal/a jsem
to open	otevřít	otevřu	otevřel/a "
to pull	táhnout	táhnu	táhl/a "
to push	tlačit	tlačím	tlačil/a "
to put	postavit	postavím	postavil/a "
to read	číst	čtu	četl/a "
to say	říci	říkám	říkal/a "
to see	vidět	vidím	viděl/a "
to sell	prodat	prodám	prodal/a "
to send	poslat	pošlu	poslal/a "
to sleep	spát	spím	spal/a "
to speak	mluvit	mluvím	mluvil/a "
to stay	zůstat	zůstanu	zůstal/a "
to take	vzít	vezmu	vzal/a "
	brát	beru	bral/a "
to think	myslet	myslím	myslel/a "
to travel	cestovat	cestuji/ju	cestoval/a "
to understand	rozumět	rozumím	rozuměl/a "

to walk	chodit	chodím	chodil/a jsem
to want	chtít	chci	chtěl/a "
to work	pracovat	pracuji/ju	pracoval/a "
to write	psát	píši/šu	psal/a "

to be able	moci	mohu	mohl/a "
to lie down	lehnout si	lehnu si	lehl/a jsem si

IMPERATIVE

All Czech verbs form second person singular and first and second person plural **imperatives**.
For example:

2nd pers. sing.	2nd pers. plur.
přines! / bring	**přineste!**
kup! / buy	**kupte!**
otevři! / open	**otevřete!**
zavři! / close	**zavřete!**
přijdi! / come	**přijděte!**
jed'! / go	**jed'te!**
udělej! / make	**udělejte!**
řekni! / say	**řekněte!**
pošli! / send	**pošlete!**

The first person plural imperative is not used very often.

go	**pojd'**,	**pojd'me** /let's go,	**pojd'te**
wait	**počkej**,	**počkejme** /let's wait,	**počkejte**
work	**pracuj**,	**pracujme** /let's work,	**pracujte**

The **negative imperative** is formed by puting **ne** in front of the verb: **nečekejte! neřekněte!**

MASTERING POLISH

0381	*ISBN 0-7818-0015-3*	*$14.95 BOOK*
0389	*ISBN 0-7818-0016-3*	*$12.95 2 CASSETTES*
0414	*ISBN 0-7818-0017-X*	*$27.90 PACKAGE*

MASTERING SPANISH

0759	*ISBN 0-87052-059-8*	*$15.95 BOOK*
1008	*ISBN 0-87052-067-9*	*$16.95 2 CASSETTES*
1097	*ISBN 0-87052-139-X*	*$24.90 PACKAGE*

MASTERING ADVANCED SPANISH

0413	*ISBN 0-7818-0081-1*	*$15.95 BOOK*
0426	*ISBN 0-7818-0089-7*	*$16.95 2 CASSETTES*
0430	*ISBN 0-7818-0090-0*	*$24.90 PACKAGE*

Hippocrene Phrasebook and Dictionary Series

Enhance your language education and gain conversational skills with cassettes designed to accompany our Phrasebook and Dictionary Series. Each set of two tapes includes two hours of lessons to improve pronunciation, vocabulary, and grammar.

UKRAINIAN Phrasebook and Dictionary Cassettes

ISBN-0-7818-0188-5 $ 9.95 BOOK
ISBN 0-7818-0191-5 $12.95 2 CASSETTES

RUSSIAN Phrasebook and Dictionary Cassettes

ISBN 0-7818-0192-3 $12.95 2 CASSETTES

HIPPOCRENE FOREIGN LANGUAGE DICTIONARIES
Modern ● Up-to-Date ● Easy-to-Use ● Practical

Albanian-English Dictionary
0744   ISBN 0-7818-0021-8 $14.95 pb

English-Albanian Dictionary
0518   ISBN 0-7818-0021-8 $14.95 pb

Armenian-English/English-Armenian Concise Dictionary
0490   ISBN 0-7818-0150-8 $11.95 pb

Western Armenian-English/English-Western Armenian
0059   ISBN 0-7818-0207-5 $9.95 pb

Bulgarian-English/English-Bulgarian Practical Dictionary
0331   ISBN 0-87052-145-4 $8.95 pb

Byelorussian-English/English-Byelorussian Concise Dictionary
1050   ISBN 0-87052-114-4 $9.95 pb

Czech-English/English-Czech Concise Dictionary
0276   ISBN 0-87052-981-1 $9.95 pb

Estonian-English/English-Estonian Concise Dictionary
1010   ISBN 0-87052-081-4 $11.95 pb

Georgian-English English-Georgian Concise Dictionary
1059   ISBN 0-87052-121-7 $8.95 pb

German-English/English-German Practical Dictionary
0200   ISBN 0-88254-813-1 $6.95 pb

English-Hungarian/Hungarian-English Dictionary
2039   ISBN 0-88254-986-3 $9.95 hc

Hungarian-English/English-Hungarian Concise Dictionary
0254   ISBN 0-87052-891-2 $7.95 pb

Latvian-English/English-Latvian Dictionary
0194   ISBN 0-7818-0059-5 $14.95 pb

Lithuanian-English/English-Lithuanian Concise Dictionary
0489   ISBN 0-7818-0151-6 $11.95 pb

Polish-English/English Polish Practical Dictionary
0450   ISBN 0-7818-0085-4 $11.95 pb

Polish-English/English-Polish Concise Dictionary (Completely Revised)
0268   ISBN 0-7818-0133-8 $8.95 pb

Polish-English/English-Polish Standard Dictionary
0665   ISBN 0-87052-882-3 $22.50 hc

Polish-English/English-Polish Standard Dictionary
0207   ISBN 0-87052-882-3 $16.95 pb

Romanian-English/English-Romanian Dictionary
0488   ISBN 0-87052-986-2 $19.95 pb

Russian-English/English-Russian Standard Dictionary
0440   ISBN 0-7818-0083-8 $16.95 pb

English-Russian Standard Dictionary
1025   ISBN 0-87052-100-4 $11.95 pb

Russian-English Standard Dictionary
0578   ISBN 0-87052-964-1 $11.95 pb

Russian-English/English-Russian Concise Dictionary
0262   ISBN 0-7818-0132-X $11.95 pb

Slovak-English/English-Slovak Concise Dictionary
1052   ISBN 0-87052-115-2 $8.95 pb

Ukrainian-English/English Ukrainian Practical Dictionary
1055   ISBN 0-87052-116-0 $8.95 pb

Ukrainian-English/English-Ukrainian Standard Dictionary
0006   ISBN 0-7818-0189-3 $16.95 pb

Uzbek-English/English-Uzbek
0004   ISBN 0-7818-0165-6 $11.95 pb
(Prices subject to change)

TO PURCHASE HIPPOCRENE BOOKS contact your local bookstore, or write to: HIPPOCRENE BOOKS, 171 Madison Avenue, New York, NY 10016. Please enclose check or money order, adding $4.00 shipping (UPS) for the first book and .50 for each additional book.